말씀으로
성령을 숨쉬며
산다

일러두기

이 책에서 성경 본문은 『새번역 성경』을 사용했습니다.

말/숨/삶

말씀으로 성령을
숨쉬며 산다

잠언

Book of Proverbs

말/숨/삶 시리즈를

발간하며

우리는 먹어야 사는 존재입니다. 공급받아 살도록 지어졌습니다. 몸도 그렇고 영은 더욱 그렇습니다. 각자 자기 소견이 옳다고 주장하는 혼란스러운 시대일수록, 우리는 더욱 하나님께 집중하고 '말씀 먹기'에 우선해야 하겠습니다. 매일 말씀 묵상을 통해 개인적으로 그리스도의 제자로 자라고, 제자로서 이 세상에서 소금과 빛으로 살아가기를 소망합니다.

우리 그리스도인의 삶에는 두 개의 생명줄이 있습니다. 하나는 하나님의 말씀이고 다른 하나는 하나님의 영입니다. 말씀과 성령은 둘이면서 하나입니다. 영이 없는 말씀은 우리의 영혼을 구속하고 결박하여 질식시키고, 말씀이 없는 영은 우리의 영혼을 표류하고 방황하게 만듭니다. 우리의 영이 생명력으로 충만하여 하나님의 자녀요 예수 그리스도의 제자로 살려면 말씀을 통해 성령을 호흡해야 합니다. 목숨은 코숨으로 살고, 생명은 영혼의 숨으로 삽니다.

그래서 '말/숨/삶' 입니다. 말씀을 통해 성령을 숨 쉬어 매일을 살아가자는 뜻입니다.

이 시리즈는 주석과 큐티의 중간에 위치해 있습니다. 정해진 본문의 '해설' 은 성서신학자가 학문적인 연구를 소화한 바탕에서 제공하는 최소한의 정보입니다. 이어지는 '묵상' 은 그날의 본문 안에 담긴 여러 주제 중 하나를 택하여 오늘의 삶에 적용한 묵상입니다. 매일 한 꼭지를 읽고 묵상하도록 글의 분량을 최소로 제한했습니다.

혼자 성경을 읽는 분들에게도, 매일 새벽기도회 시간에 성경을 차례대로 읽어나가는 교회의 인도자들에도, 이 시리즈는 옆에서 도움을 주는 좋은 친구가 될 것입니다. 성경 읽기를 돕는 책이 많지만, 그중에 제일은 말/숨/삶 시리즈일 것입니다.

다시, 말씀입니다.

편집인 김정수

말/숨/삶

사용법

이 책은 독자의 말씀 묵상을 도와 매일 하나님의 영을 숨 쉬며 살아가도록 마련했습니다. 이 책을 어떻게 사용할지는 독자 개인이 판단할 일이지만, '거룩한 독서'(Lection Divina)를 위한 도구로 사용할 때 가장 유익할 것입니다.

'거룩한 독서'는 기독교 역사를 거쳐 오면서 가장 유익한 말씀 연구 방법으로 인정받았습니다. 이성을 활용하여 본문을 이해하고 그 핵심 메시지를 내면에 받아들여 존재의 양분으로 삼는 묵상법입니다. 거룩한 독서는 '읽기' → '묵상하기' → '기도하기' → '관상하기'로 구성됩니다.

'읽기'(렉시오, Lectio)는 이성을 활용해 본문의 의미를 파악하는 과정입니다. 여기서는 독해력이 필요합니다. 역사적 배경에 비추어 본문을 문법적으로 읽으며 의미를 파악합니다. 본문을 두세 번 반복해 읽으면 더 좋습니다. 말씀 필사는 고래로부터 경전 공부의 왕도로 인정받아 왔습니다.

'묵상하기'(메디타치오, Meditatio)는 본문 중에서 지금 자신에게 울리는 말씀이 무엇인지 찾는 과정입니다. 성령의 조명이 필요한 지점입니다. 본문을 충분히 숙지한 후에 눈을 감고 말씀이 떨어질 때까지 기다립니다. 묵상 후에 생각을 글로 옮기는 작업은 좋은 습관입니다. 말은 말을 부르고, 글은 글을 부릅니다. 이것이 습관이 되면 묵상이 깊어지고, 묵상의 시간이 즐겁습니다.

'기도하기'(오라치오, Oratio)는 묵상하는 동안 마음에 떨어진 말씀을 삼키는 과정입니다. 묵상 과정에서 빛을 비추어 주신 주님께 감사드리고, 주신 말씀에 신실하게 응답하기를 다짐하며 기도합니다.

'관상하기'(컨템플라치오, Contemplatio)는 조금 어려운 개념입니다만, '말씀을 품고 살아가기'로 생각하면 쉽게 이해할 수 있습니다. 묵상하고 기도하여 받아들인 말씀을 삶에서 육화하는 과정입니다.

이 책을 '거룩한 독서'로 읽기 위해 다음의 자세로 실행하기를 제안합니다.

- 최소한 30분 정도의 시간을 할애하십시오.
  다른 일에 방해받지 않고 말씀 묵상에 집중하도록 정리하십시오.

- 책을 펴기 전에 기도하십시오.
  성령께서 함께하신다는 사실을 기억하고 내면에 빛을 비추어 주시기를 청하십시오.

- 성경 본문을 읽으십시오.
  읽으면서 중요한 단어나 표현에 표시하십시오.

- 첫 부분 ("…다"체로 설명한 부분)을 읽으십시오.
  첫 부분은 본문의 의미를 이해하도록 돕는 '해설'입니다. 다 읽고 나서 성경 본문을 한 번 더 읽으면 도움이 됩니다.

- 충분히 이해했다 싶으면 눈을 감고 묵상하십시오.
  본문 내용을 통해 성령께서 지금 나에게 무슨 말씀을 하시는지 잠잠히 기다리십시오.

• 생각의 실마리가 떠오르면 글로 적으십시오.

• 묵상이 끝나면 둘째 부분 (“…습니다”체로 된 부분)을 읽으십시오. 이 부분은 묵상을 더 풍요롭게 합니다.

• 기도로 묵상을 마무리합니다.

• 묵상한 주제를 마음에 품고 살아갑니다.

이 모습이 ‘말/숨/삶’ 즉 말씀을 통해 성령을 숨 쉬며 사는 삶입니다.

이런 인생을 살 때 우리의 존재는 시냇가에 심은 나무(시 1편)와 같으며, 하나님의 정원에 심긴 백향목(시 92장)처럼 되고, 줄기에 든든히 붙어 있는 포도나무 가지(요 15장)가 됩니다. 더불어 성령께서 우리를 변화시켜 하나님의 자녀답게 살게 하시고, 우리의 짠맛은 나날이 진해지고 광도는 강해질 것입니다.

차 례

잠언
묵상에

들어가며

1.

우리 말 '잠언'은 가르쳐서 훈계가 되는 말, 짤막한 지혜의 말을 가리킵니다. 따라서 우리가 읽는 잠언은 '지혜의 말을 묶은 책'이라는 뜻입니다.

일반적으로 구약성서 66권을 넷으로 구분하는데, 율법서(모세오경), 역사서, 예언서에 시가서/지혜서가 더해집니다. 욥기, 시편, 잠언, 전도서, 아가서가 여기에 속합니다.

일반적으로 잠언은 솔로몬의 지혜집이라고 알려졌지만, 그 외에도 여러 사람의 지혜가 함께 수록돼 있습니다.

출처에 따라 잠언을 구분하면 다음과 같습니다.

- 1장~9장 : 전문과 서언
- 10장~22장 16절 : 솔로몬의 잠언
    - 솔로몬의 일반 잠언(10장~15장)
    - 솔로몬의 왕실 잠언(16장 1절~22장 16절)
- 22장 17절~24장 22절 : 서른 가지 교훈
- 24장 23~34절 : 추가 교훈
- 25장~29장 : 솔로몬의 잠언 추가
- 30장 : 아굴의 잠언
    - 아굴의 잠언(30장 1~14절)
    - 추가 격언(30장 15~33절)
- 31장 : 르무엘 왕의 어머니의 잠언
    - 르무엘 왕의 어머니의 잠언(31장 1~9절)
    - 결론(31장 10~31절)

잠언은 지혜의 말들(격언, 속담, 수수께끼 등)을 모아 놓은 책이기에 조금 다른 독법이 필요합니다. 성경의 다른 책들은 한 장 또는 한 단락을 읽고 중심 주제를 찾습니다. 하지만 잠언은 장마다 관통하는 하나의 주제를 찾기 어려운 경우가 많습니다. 큰 주제를 중심으로 지혜의 말들을 묶은 부분도 있지만, 다양한 주제의 지혜를 열거한 경우가 더 많기 때문입니다.

잠언에 실린 지혜의 말들은 인생의 경험에서 얻은 진리를 전해줍니다. 그 안에 성령의 영감이 담겨 있다고 인정되어 성경에 포함되었습니다. 그런 까닭에 내 경험치에 따라 어떤 말씀에는 "아멘!" 하고 공감하지만, 어떤 말씀은 공감하기 어렵습니다.

또 어떤 말씀은 '무시간적 진리'를 담고 있고, 어떤 말씀은 '상황적 진리'를 담고 있습니다. 따라서 잠언을 읽을 때는 그 말씀이 무시간적 진리에 속하는지, 상황적 진리에 속하는지 분별할 필요가 있습니다. 상황적 진리에 속하는 내용은 오늘의 상황에서 그 말씀을 재조명해야 합니다. 그런 경우는 신약의 말씀을 기준으로 삼습니다.

2.

잠언과 전도서는 지혜서라는 성격에서 같다 할 수 있으나, 가르침에는 꽤 차이가 있습니다. 인생사를 보는 시각이 다릅니다. 잠언은 낙관주의 혹은 긍정적 세계관 위에 서 있는 반면, 전도서는 비관주의 혹은 회의주의적 세계관을 내비칩니다. 잠언은 지혜를 따라 살면 반드시 복을 누린다고 말하는데, 전도서는 그래 보았는데 그렇게 되지 않더라고 회고합니다.

이런 점에서 잠언의 시선은 미래를 향하고, 전도서의 시선은 과거를 향합니다.

잠언의 세계관과 전도서의 세계관 중에 어느 것이 맞느냐 하는 논쟁은 부질없습니다. 둘 다 맞기 때문입니다.

지혜는 하나님의 창조 질서를 반영합니다. 지혜를 따르면 절로 창조 질서를 따르게 됩니다. 하지만 죄로 인해 인간 안에 내재해 있던 하나님의 형상과 선한 창조 질서가 무너졌습니다. 그래서 지혜를 따라 살아도 때로 잠언이 약속한 것처럼 이루어지지 않습니다.

그런 부정적인 현실에 사로잡히면 하나님이 없는 것 같습니다. 의롭게 살려는 노력도 어리석게만 보입니다. 시편 37편을 보면 다윗도 그러한 신앙 위기를 겪었습니다.

지혜를 따르는 일이 헛수고처럼 보여도 그것이 가장 복된 선택입니다. 하나님의 선한 창조는 완전히 무너지지 않았고, 인간에게 부여하신 하나님의 형상도 완전히 깨지지 않았기 때문입니다. 창조주 하나님께서 성령을 통해 여전히 우주의 운행과 인류 역사를 주관하고 계시기 때문입니다.

믿는 이들은 전도서의 세계관을 현실로 인정하되 잠언의 세계관을 믿어야 합니다. 때로 잠언의 약속이 이루어지지 않아도 지혜를 따르도록 힘써야 합니다. 그것이 오늘 잠언을 읽고 묵상하는 이유입니다.

3.

구약성경 안에는 하나님의 말씀이 세 가지 그릇에 담겨 있습니다. 그것은 율법, 예언, 지혜입니다.

'율법'은 하나님의 뜻이 담긴 명령입니다. 율법 중에는 십계명처럼 하나님께서 직접 계시하신 내용도 있고, 하나님의 뜻을 구체적인 상황에 적용해 내린 모세의 명령도 있습니다. 율법 중에도 어느 시대, 어느 상황에서나 옳은 무시간적 진리가 있고, 특정한 상황에서 주어진 상황적 진리가 있습니다.

구약의 율법은 주로 금령(禁令)의 형식으로 표현돼 있습니다. 율법은 하나님께서 허용하시는 죄악의 범위를 정한 것입니다. "법은 최소한의 도덕이다"라는 말이 있듯, 하나님의 뜻을 따라 사는 사람이 지켜야 할 경계선이 율법입니다.

'예언'은 하나님이 주신 말씀입니다. 그래서 '신탁'(神託)이라고 부릅니다. 예언은 율법처럼 '하라, 하지 말라'는 명령이 아닙니다. 개인 혹은 국가의 삶을 헤아리신 하나님의 평가와 그것을 어떻게 처리할지 알려주신 말씀입니다.

우리는 '예언'을 앞으로 '일어날 일을 미리 알려주는 말'로 알고 있습니다. 하지만 본래 의미는 앞의 일을 말하는 것이 아니라 '앞으로 나가서 말하는 것'입니다. 예언자는 성령을 통해 하나님의 말씀을 받아 전한 사람입니다. 그런 까닭에 대부분의 예언은 듣는 대상들의 상황에 적합한 하나님의 뜻을 전합니다. 예언 가운데 소수만이 마지막 날 혹은 미래에 있을 하나님의 구원 행동을 전합니다.

이에 반해 '지혜'는 믿음의 사람들이 오랜 세월 축적해 온 세상사와 인간사의 통찰을 담고 있습니다. 이 지혜들은 믿음의 공동체 안에서 회자되고 선별되고 응축됐습니다. 따라서 율법이나 예언처럼 하나님의 영감이 직접 개입되었다고 말하기는 어렵습니다.

지혜 전통은 이스라엘의 집단 영성이 빚어낸 보물입니다. 지혜의 말씀 중에도 무시간적인 진리를 담은 내용도 있고, 당대의 상황에서 주어진 내용도 있습니다. 그런 점에서 지혜의 말씀은 읽는 이들의 깊은 묵상과 성찰을 요청합니다.

저자 김영봉

묵상의 시간으로

잠언의
목적

1 이것은 다윗의 아들 이스라엘 왕 솔로몬의 잠언이다. 2 이 잠언은
지혜와 훈계를 알게 하며, 명철의 말씀을 깨닫게 하며, 3 정의와 공평
과 정직을 지혜롭게 실행하도록 훈계를 받게 하며, 4 어수룩한 사람을
슬기롭게 하여 주며, 젊은이들에게 지식과 분별력을 갖게 하여 주는
것이니, 5 지혜 있는 사람은 이 가르침을 듣고 학식을 더할 것이요, 명
철한 사람은 지혜를 더 얻게 될 것이다. 6 잠언과 비유와 지혜 있는 사
람의 말과 그 심오한 뜻을 깨달아 알 수 있을 것이다. 7 주님을 경외하
는 것이 지식의 근본이어늘, 어리석은 사람은 지혜와 훈계를 멸시한
다.

1~7절은 잠언 전체의 서문에 해당한다. 화자는 먼저 이 잠언이 솔로몬에게서 나왔다는 사실을 언급한다(1절). 이 책에 수록된 지혜의 말은 솔로몬에게서만 나오지 않았다. 하지만 분량으로 볼 때 솔로몬의 지혜가 제일 많고, 솔로몬이 지혜의 왕으로 인정받기에 이렇게 언급했다.

그런 다음 잠언을 쓴 목적을 설명한다.

첫째, 잠언은 우리에게 지혜와 훈계를 알게 한다(2절a). '지혜'(호크마)는 이스라엘 현자들에게서 전해진 인생사와 세상사에 대한 통찰을 가리킨다. '훈계'(무사르)는 지혜에 따른 삶의 방법을 의미한다. 지혜가 통찰력이라면, 훈계는 지향해야 할 삶의 방식이다.

둘째, 명철의 말씀을 깨닫게 한다(2절b). 잠언에는 선대의 지혜가 응축돼 있다. 그 속에 담긴 진리는 묵상과 기도로 깨달아야 한다. 한글의 '깨닫다'는 '깨쳐서 이른다'는 뜻이다. 말씀의 외피를 깨뜨리고 그 안에 담긴 진실을 깨닫게 함이 이 책의 목적이다.

셋째, 정의와 공평과 정직을 따라 살게 한다. 정의는 '짜디크'의 번역인데, '올바름'을 뜻한다. 하나님의 창조 질서에 따라 모든 것이 자기 역할을 하며 서로 어울림을 말한다. 공평은 '미쉬팟'의 번역인데, '정의'를 의미한다. 이것은 하나님의 질서에 따라 말하고 행동하는 것이다. 정직은 '메사림'의 번역으로, '공평함' 혹은 '평등함'으로 번역해야 한다. 잠언의 말씀을 연구하면 하나님의 창조 질서를 따라 정의롭고 공평하게 살아간다는 뜻이다.

넷째, 어수룩한 사람과 젊은이들을 깨우쳐 성숙하게 만든다(4절). 어리숙한 사람과 젊은이는 동의어로, 인생사와 세상사의 경험이 부족해 지식도, 지혜도, 분별력도 미흡한 사람을 가리킨다. 슬기로움은 사려 깊은 태도를 의미한다. 지식과 분별력은 지혜로운 처신을 위해 필요한 두 개의 기둥이다.

다섯째, 잠언은 지혜 있는 사람과 명철한 사람에게도 필요하다. 그들을 더 지혜롭게 하기 때문이다(5절).

여섯째, 잠언은 다양한 양식으로 전해진 지혜 전승을 해석하는 능력을 길러준다(6절). 여기서의 잠언은 선대의 지혜가 농축된 경구들을 의미하고, 비유는 '마샬'의 번역으로 수수께끼를 의미한다. 수수께끼는 고래(古來)로부터 지혜를 전하는 유익한 도구로 사용됐다. 이 책에 담긴 말씀을 읽고 연구하고 묵상하면 지혜 전승을 깨달을 수 있다.

일곱째, 화자는 잠언의 궁극적인 목적이 주님을 경외하는 것임을 밝힌다(7절). 근본으로 번역된 '레쉬트'는 '시작' 또는 '최고'로 번역할 수 있다. "주님(여호와)을 경외함"은 하나님을 하나님답게 섬기는 태도다. 모든 지혜와 지식은 하나님을 하나님으로 섬기는 경건한 태도에서 시작되고, 우리의 경건한 태도를 더 심화시킨다. "지혜와 훈계를 멸시"하는 태도는 불신앙에서 나오고 불신앙을 강화시키는 어리석음으로, 하나님을 등지고 죄악을 따르게 한다. 그래서 시편과 잠언에서 말하는 '어리석은 사람'은 지능이 부족한 사람이 아니라 하나님을 부정하는 사람을 가리킨다.

우리가 일반적으로 알고 있는 속담, 격언 혹은 수수께끼에는 삶의 지혜가 담겨 있습니다. 오랜 세월 사람들의 공감을 얻어 입에서 회자되다가 오늘날까지 전승되었습니다. 그 중에는 시대 상황이 달라져 더는 유효하지 않은 내용도 있지만, 여전히 공감을 불러일으키는 내용이 더 많습니다. 요즘 표현으로 한다면 속담과 격언에는 인간의 '집단 지성'이 농축돼 있습니다.

잠언에 수록된 지혜의 말들이 그렇습니다. 솔로몬을 비롯하여 이스라엘의 위대한 지혜자들이 남긴 말 가운데 후대의 공감을 얻은 말들을 선별해 이 책에 기록했습니다. 다만 세속 격언이나 속담과 다른 점이 있습니다. 잠언에 수록한 지혜의 말들은 하나님의 존재를 믿고 그분의 주권을 인정하는 사람들에게서 나왔고 그런 사람들에게서 공감을 얻은 것입니다. 다시 설명하면 명심보감과 잠언은 '세계관'에 있어 근본적인 차이가 있습니다.

지혜 중에 지혜는 하나님을 아는 것이고, 모든 지혜는 진리의 근원이신 하나님에게서 나온다는 믿음이 잠언의 세계관입니다. 알고 보면 이것이 너무도 자명한 세상 이치고 인생의 진실인데, 인류의 절대다수는 하나님을 등지고 자기 욕망을 따라 살기 원합니다. 그리고 그것을 지혜로운 일로 여깁니다.

하지만 저자는 그것이 가장 큰 어리석음이라고 말합니다. 진정한 지혜는 하나님을 하나님답게 섬기는 것이고, 그럴 때 세상에서 의와 정의와 공평을 실천할 수 있습니다. 이런 까닭에 잠언 묵상은 우리에게 꼭 필요한 시간입니다.

누가
어리석은가?

8 아이들아, 아버지의 훈계를 잘 듣고, 어머니의 가르침을 저버리지
말아라. 9 진정 이것은 머리에 쓸 아름다운 관이요, 너의 목에 걸 목
걸이이다. 10 아이들아, 악인들이 너를 꾀더라도, 따라가지 말아라.
11 그들이 너에게 이렇게 말할 것이다. "함께 가서 숨어 기다렸다가,
이유를 묻지 말고, 죄 없는 사람을 죽이자. 12 스올처럼 그들을 산 채
로 삼키고, 무덤이 사람을 통째로 삼키듯이, 그들을 통째로 삼키자.
13 우리는 온갖 값진 것을 얻게 될 것이며, 빼앗은 것으로 우리의 집
을 가득 채우게 될 것이다. 14 너도 우리와 함께 제비를 뽑고, 우리 사
이에 돈주머니는 하나만 두자." 15 아이들아, 그들이 이렇게 말하더라
도, 너는 그들과 함께 다니지 말고, 네 발을 그들이 가는 길에 들여놓
지 말아라. 16 그들의 발은 악으로 치달으며, 피 흘리는 일을 서두르기
때문이다. 17 무릇, 새가 보는 앞에서 그물을 치는 것은 헛수고이겠거
늘, 18 그들이 가만히 엎드려서 지키고 있으니 제 피나 흘릴 뿐이요,
숨어서 기다리고 있으니 제 목숨이나 잃을 뿐이다. 19 무릇 부당한 이
득을 탐하는 자의 길은 다 이러하니, 재물이 목숨을 빼앗는다.

잠언에서 가장 자주 사용하는 수사법은 '동의적 병행법'(synonymous parallelism)이다. 같은 의미를 다른 단어로 반복해 표현하는 히브리적 수사법이다. "아버지의 훈계"와 "어머니의 가르침"(8절)은 부모 또는 조상에게서 전해져 내려온 지혜를 의미한다. 아이들은 4절에 나오는 "어수룩한 사람" 혹은 "젊은이"와 같은 뜻으로, 지혜가 부족한 사람들을 말한다.

8~19절은 부모가 자녀에게 주는 당부로 읽을 수 있고, 스승이 제자에게 주는 당부로도 읽을 수 있다. 8절의 "잘 듣고"는 순종과 실천의 의미를 모두 포함한다. 9절의 비유는 지혜를 따르는 일이 아름다운 관을 쓰고 목걸이를 목에 건 것처럼 그 사람을 빛나게 해 준다는 의미일 수 있고, 지혜의 가치를 아는 사람은 그것을 가장 귀한 보물로 여긴다는 뜻일 수 있다.

10~14절은 악인들이 어리숙한 사람을 죄악의 길로 유혹할 때 사용하는 속임수를 보여 준다. 그들은 죄 없는 사람을 공격해 목숨을 빼앗고 그가 가진 물건들을 약탈해 나누어 가지자고 말한다. 그런 유혹에 휘둘려 악에 가담하면 걷잡을 수 없는 죄를 범한다(15~16절). 정말 어리숙한 사람은 그들이다. 그들의 악행에 반드시 심판이 있기 때문이다(17~18

절). 그들은 더 많은 재물을 얻고자 폭력을 사용하지만, 그 재물이 결국 그들을 파멸로 이끈다(19절).

사람들이 크게 오해하는 것이 있습니다. 하나님을 예배하고 그분 뜻을 따라 살면 구속당하고 불행해진다는 오해입니다. 그것은 우리를 하나님에게서 멀어지게 하려는 사탄의 속임수요, 타락한 욕망을 따르려는 우리의 고집 때문에 생긴 것입니다.

죄악을 탐하고 즐기는 일은 행복이 아니라 자신을 불행하게 만듭니다. 또한 하나님의 엄중한 심판을 불러옵니다. 다른 사람의 피를 흘리게 하면 실상은 자신의 피를 흘리게 만듭니다. 폭력으로 다른 사람의 재물을 갈취한다면 스스로 무덤을 파는 일입니다.

하나님을 예배하고 그분의 뜻을 따라 "정의와 공평과 정직"(3절)을 추구해야 하는 이유는, 그것이 참된 행복의 길이자 다른 사람들을 행복하게 하기 때문입니다. 우리의 타락한 본성을 만족시키면 잠시 쾌락을 맛볼 수 있습니다. 하지만 그 쾌락은 더한 갈증을 불러와 더 강력한 만족을 요구합니다. 약물 중독처럼 쾌락은 중독성이 있어 결국 인생을 파멸로 이끕니다. 진정한 행복의 길을 가고자 한다면 타락한 본성을 다스리고 성령의 인도를 따라야 합니다.

죄된 본성의 힘이 강할 때는 그렇게 사는 것이 어렵습니다. 하지만 성령께 자신을 맡기고 부단히 그분 뜻을 따라 살면 본성의 저항은 약해지고 성령을 따르는 일이 즐거워집니다. 고갈되지 않는 평화와 기쁨이 임합니다. 이 평화와 기쁨은 전염성이 있어서 다른 이들에게 선한 영향을 미칩니다.

교만의
위험

잠언 1장 20~33절

20 지혜가 길거리에서 부르며, 광장에서 그 소리를 높이며, 21 시끄러
운 길 머리에서 외치며, 성문 어귀와 성 안에서 말을 전한다. 22 "어수
룩한 사람들아, 언제까지 어수룩한 것을 좋아하려느냐? 비웃는 사람
들아, 언제까지 비웃기를 즐기려느냐? 미련한 사람들아, 언제까지 지
식을 미워하려느냐? 23 너희는 내 책망을 듣고 돌아서거라. 보아라,
내가 내 영을 너희에게 보여 주고, 내 말을 깨닫게 해주겠다. 24 그러
나 너희는, 내가 불러도 들으려고 하지 않고, 내가 손을 내밀어도 거
들떠보려고도 하지 않았다. 25 도리어 너희가 내 모든 충고를 무시하
며 내 책망을 받아들이지 않았으니, 26 너희가 재앙을 만날 때에, 내
가 비웃을 것이며, 너희에게 두려운 일이 닥칠 때에, 내가 조롱하겠
다. 27 공포가 광풍처럼 너희를 덮치며, 재앙이 폭풍처럼 너희에게 밀
려오며, 고난과 고통이 너희에게 밀어닥칠 때에, 28 그 때에야 나를 애
타게 부르겠지만, 나는 대답하지 않겠고, 나를 애써 찾을 것이지만,
나를 만나지 못할 것이다. 29 이것은 너희가 깨닫기를 싫어하며, 주님
경외하기를 즐거워하지 않으며, 30 내 충고를 받아들이지 않으며, 내
모든 책망을 업신여긴 탓이다. 31 그러므로 그런 사람은 제가 한 일의
열매를 먹으며, 제 꾀에 배부를 것이다. 32 어수룩한 사람은 내게 등
을 돌리고 살다가 자기를 죽이며, 미련한 사람은 안일하게 살다가 자
기를 멸망시키지만, 33 오직 내 말을 듣는 사람은 안심하며 살겠고, 재
앙을 두려워하지 않고 평안히 살 것이다."

지혜는 히브리어로 '호크마'인데, 이는 여성 명사다. 옛날 히브리 사람들은 지혜를 하나의 인격체로 보았다. 인격체인 지혜는 창조주 하나님과 함께 계셨고, 하나님은 지혜로 천지를 창조하셨다. 우주 운행과 생명 현상을 관찰하면 하나님의 섭리와 뜻을 발견할 수 있는 이유가 여기에 있다. 그 지혜를 요한은 '로고스'라고 불렀다.

"태초에 말씀(로고스)이 계셨다. 그 말씀은 하나님과 함께 계셨다. 그 말씀은 하나님이셨다. 그는 태초에 하나님과 함께 계셨다. 모든 것이 그로 말미암아 창조되었으니, 그가 없이 창조된 것은 하나도 없다."(요 1:1~3)

잠언의 화자는 '지혜 여인'이 성을 두루 다니며 자신을 따를 사람들을 찾는다고 말한다(20~21절). "어수룩한 사람"과 "비웃는 사람"과 "미련한 사람"(22절)은 동의적 병행법에 따른 표현이다. "미련한 사람"은 지적 결함을 가진 사람이 아니라 도덕적으로 비뚤어진 사람이다. 그가 미숙하고 도덕적으로 부패해진 이유는 교만하기 때문이다. 제대로 알지 못하면서 '안다'는 교만에 빠진 사람들은 지혜의 말씀을 경청하지 않는다.

'지혜 여인'은 그들에게 돌이키기를 요구하지만, 그들은 듣지 않는다(23~24절). 그들의 선택은 결국 삶을 재앙으로 이끈다. 그때 그들은 지혜 여인에게 구원을 호소하겠지만, 이미 때는 지나가 버렸다(25~30절).

우주 운행과 생명 현상을 창조한 지혜 여인의 가르침대로 살면, 우리는 우주와 생명 안에 깃든 하나님의 창조 원리를 따르게 된다. 따라서 하나님께 등 돌린 채 자기 욕망과 뜻대로 살면 멸망을 자초하고, 지혜 여인의 가르침을 따르면 평안을 누린다(31~33절). 하나님의 심판이 있기는 하지만, 실은 자기 선택으로 스스로를 심판하거나 축복하는 것이다.

잠언에서 가장 경계하는 부덕 중 하나가 교만입니다. 기독교 전통은 '일곱 가지 대죄' 중에서 교만을 첫째로 꼽습니다. 교만은 자신이 피조물이라는 사실을 망각한 결과로 생기는 사고방식과 행동 방식을 말합니다. 스스로를 인생의 주인으로 여기고, 자기 생각과 지식이 항상 옳다고 생각합니다. 알아야 할 것을 다 알고 있다고 자신합니다. 그래서 지혜를 찾지 않습니다. 자신에게 지혜가 필요하다는 사실을 인정하지 않습니다.

교만이 신앙과 결합하면 '자기 의'(self-righteousness)가 됩니다. 다른 말로 하면 영적 교만입니다. 예수님은 모든 죄

중에 '자기 의'의 죄를 가장 심각하게 여기셨습니다. 이미 충분히 의롭다는 착각이 하나님의 은혜를 겸손히 구하지 않게 하기 때문입니다.

일반 사회에서도 '배우고자 하는 마음'(teachability)을 가장 중요한 덕목으로 여깁니다. 자신에게 부족함이 없다고 생각하고 자기 고집대로만 행동하는 사람(unteachable person)은 공동체에 암적 존재가 됩니다. 그런 사람이 지도자가 되면 공동체는 순식간에 분열되고 와해됩니다. 자신의 부족함을 인정하는 사람은 늘 다른 사람의 말에 귀 기울이고 배울 것이 없는지 주변을 살핍니다. 그런 마음이기에 지혜의 말씀을 찾고 경청하고 연구합니다. 그 마음이 결국 하나님 앞에 겸손히 고개를 숙이고 그분의 지혜를 구하게 합니다. 그것이 자신을 행복하게 하고 모든 사람을 행복하게 만드는 길이라는 사실을 알기 때문입니다.

교만은 재앙을 불러오고, 겸손은 복을 불러옵니다. 그래서 솔로몬은 "사람의 마음이 오만하면 멸망이 뒤따르지만, 겸손하면 영광이 뒤따른다"(18:12)고 했습니다.

살아남을
사람들

잠언 2장

1 아이들아, 내 말을 받아들이고, 내 명령을 마음 속 깊이 간직하여라.
2 지혜에 네 귀를 기울이고, 명철에 네 마음을 두어라. 3 슬기를 외쳐
부르고, 명철을 얻으려고 소리를 높여라. 4 은을 구하듯 그것을 구하
고, 보화를 찾듯 그것을 찾아라. 5 그렇게 하면, 너는 주님을 경외하
는 길을 깨달을 것이며, 하나님을 아는 지식을 터득할 것이다. 6 주님
께서 지혜를 주시고, 주님께서 친히 지식과 명철을 주시기 때문이다.
7 정직한 사람에게는 분별하는 지혜를 마련하여 주시고, 흠 없이 사
는 사람에게는 방패가 되어 주신다. 8 공평하게 사는 사람의 길을 보
살펴 주시고, 주님께 충성하는 사람의 길을 지켜 주신다. 9 그 때에야
너는 정의와 공평과 정직, 이 모든 복된 길을 깨달을 것이다. 10 지혜
가 네 마음 속에 들어가고, 지식이 네 영혼을 즐겁게 할 것이다. 11 분
별력이 너를 지켜 주고, 명철이 너를 보살펴 줄 것이다. 12 지혜가 악
한 사람의 길에서 너를 구하고, 겉과 속이 다르게 말하는 사람에게서
너를 건질 것이다. 13 그들은 바른길을 버리고, 어두운 길로 가는 사
람들이다. 14 그들은 나쁜 일 하기를 좋아하며, 악하고 거스르는 일
하기를 즐거워한다. 15 그들의 길은 구부러져 있고, 그들의 행실은 비
뚤어져 있다. 16 지혜가 너를 음란한 여자에게서 건져 주고, 너를 꾀
는 부정한 여자에게서 건져 줄 것이다. 17 그 여자는 젊은 시절의 짝
을 버리고, 하나님과 맺은 언약을 잊은 여자이다. 18 그 여자의 집은
죽음에 이르는 길목이요, 그 길은 죽음으로 내려가는 길이다. 19 그런
여자에게 가는 자는 아무도 되돌아오지 못하고, 다시는 생명의 길에
이르지 못한다. 20 그러므로 너는선한 사람이 가는 길을 가고, 의로운
사람이 걷는 길로만 걸어라. 21 세상은 정직한 사람이 살 곳이요, 흠
없는 사람이 살아 남을 곳이기 때문이다. 22 그러나 악한 사람은 땅에
서 끊어지고, 진실하지 못한 사람은 땅에서 뿌리가 뽑힐 것이다.

2장 1절에서 다시 화자가 바뀐다. 화자는 가정법 구문을 사용하여 지혜를 가장 귀중히 여기고 그것을 따라 살라고 청한다. 지혜를 마음에 간직할 뿐 아니라 귀를 기울이고 외쳐 부르라고 권한다(1~3절). 지혜를 가장 귀하게 여기며 찾으면(4절) "주님을 경외하는 길"과 "하나님을 아는 지식"(5절)을 얻는다.

주님은 지혜를 찾는 이들에게 응답하신다. 인간적인 노력으로 얻는 지혜와 명철에는 한계가 있다. 온전한 지혜와 명철은 하나님이 주시는 선물이다. 지혜를 아는 사람은 정직하고 흠 없이 살며, 사람들에게 공평하게 행하고, 주님께 충성한다(6~8절).

주님은 그런 사람들을 지켜 주신다. 지혜를 얻은 이들은 모든 복된 길(정의, 공평, 정직)을 알고 그 지식으로 기뻐한다(9~10절). 또한 지혜는 그들을 모든 악한 길에서 지켜 준다(11~15절).

16절의 "음란한 여자"와 "부정한 여자"(혹은 낯선 여자)는 성적으로 방종한 여자 혹은 타락한 욕망을 따라가는 세상 풍조를 가리킨다. 지혜를 아는 남성이라면 성적 욕망을 채우기 위해 음란한 여인을 찾지 않는 것처럼, 지혜를 아는 사람은 세상 풍조를 따르지 않는다. "하나님과 맺은 언약"(17절)

을 기억한다면 그럴 수 없다. 세상 풍조를 좇아 타락한 욕망을 추구하면 "죽음으로 내려가는 길"로 가기에 "생명의 길"에 이르지 못한다(18~19절).

따라서 우리는 선한 사람의 길, 의로운 사람의 길로 가도록 힘써야 한다. "정직한 사람"과 "흠 없는 사람"(21절)이 땅을 차지하고, "악한 사람"과 "진실하지 못한 사람"(22절)은 땅에서 뿌리가 뽑히기 때문이다.

우리의 본성은 죄성에 물들어 있기 때문에 그냥 두면 욕망을 따릅니다. 욕망은 우리 눈을 멀게 하여 어리석은 길로 가게 하고, 그 길에서 거짓과 악의와 불의를 행하게 만듭니다. 그 길의 끝에는 불행과 파멸과 영원한 죽음이 있습니다.

그 길로 우리를 끄는 힘은 매우 강합니다. 우리 내면에는 죄성이 있고, 바깥에는 '죄를 권하는 사람들'의 유혹과 압박이 있으며, 위에는 악한 영의 은밀한 속임수가 있기 때문입니다. 인간 존재는 '삼면초가'(三面楚歌)에 갇혀 속절없이 죄와 멸망의 길로 끌려갑니다.

이 힘에서 벗어나 생명의 길로 가려면 전심으로, 전인격적으로 지혜를 찾고 따라야 합니다. 날마다 쉬지 않고 지혜를 사모하고 찾고 품고 살아야 합니다. 내 힘으로는 죄로 이끄는 세 가지 힘과 싸워 이길 수 없기 때문입니다.

하나님의 지혜는 그것 자체로 생명력이 있어, 우리의 죄성을 무력화하고 악한 영의 교란을 간파하여 물리칩니다. 지혜를 알기 전에는 죄악에서 기쁨과 만족을 누렸는데, 지혜를 깨달으면 죄성이 나를 괴롭게 하고 파멸에 이르게 한다는 사실을 직시합니다. 죄된 본성은 지혜를 따르는 삶을 불편하고 거북하게 느끼지만, 결국 그 길에 참된 만족과 기쁨이 있음을 깨닫습니다.

21~22절은 시편 37편과 온유한 자에 대한 예수님의 말씀(마 5:5)을 생각나게 합니다. 세상의 현실만 보면 악한 사람과 진실하지 못한 사람이 득세하는 것 같습니다. 하지만 세상은 결국 정직하고 흠 없는 사람들을 위해 있습니다. 하나님의 시각에서 보면 살아남을 사람들은 하나님을 의지하며 거룩하고 의롭고 선하게 살기를 선택한 사람들입니다.

창조 원리를 따라 사는 삶

1 아이들아, 내 가르침을 잊지 말고, 내 계명을 네 마음에 간직하여라.
2 그러면 그것들이 너를 장수하게 하며, 해가 갈수록 더욱 평안을 누
리게 할 것이다. 3 인자와 진리를 저버리지 말고, 그것을 목에 걸고 다
니며, 너의 마음 속 깊이 새겨 두어라. 4 그러면 하나님과 사람 앞에
서 네가 은혜를 입고 귀중히 여김을 받을 것이다. 5 너의 마음을 다하
여 주님을 의뢰하고, 너의 명철을 의지하지 말아라. 6 네가 하는 모든
일에서 주님을 인정하여라. 그러면 주님께서 네가 가는 길을 곧게 하
실 것이다. 7 스스로 지혜롭다고 여기지 말고, 주님을 경외하며 악을
멀리하여라. 8 그러면 이것이 너의 몸에 보약이 되어, 상처가 낫고 아
픔이 사라질 것이다. 9 너의 재산과 땅에서 얻은 모든 첫 열매로 주
님을 공경하여라. 10 그러면 너의 창고가 가득 차고, 너의 포도주 통
에 햇포도주가 넘칠 것이다. 11 아이들아, 주님의 훈계를 거부하지 말
고, 그의 책망을 싫어하지 말아라. 12 주님은, 당신이 사랑하시는 사
람을 꾸짖으시니, 마치 귀여워하는 아들을 꾸짖는 아버지와 같으시
다. 13 지혜를 찾는 사람은 복이 있고, 명철을 얻는 사람은 복이 있다.
14 참으로 지혜를 얻는 것이 은을 얻는 것보다 낫고, 황금을 얻는 것
보다 더 유익하다. 15 지혜는 진주보다 더 값지고, 네가 갖고 싶어하
는 그 어떤 것도 이것과 비교할 수 없다. 16 그 오른손에는 장수가 있
고, 그 왼손에는 부귀영화가 있다. 17 지혜의 길은 즐거운 길이요, 그
모든 길에는 평안이 있다. 18 지혜는, 그것을 얻는 사람에게는 생명의
나무이니, 그것을 붙드는 사람은 복이 있다. 19 주님은 지혜로 땅의

기초를 놓으셨고, 명철로 하늘을 펼쳐 놓으셨다. 20 그분은 지식으로
깊은 물줄기를 터뜨리시고, 구름에서 이슬이 내리게 하신다. 21 아이
들아, 건전한 지혜와 분별력을 모두 잘 간직하여 너의 시야에서 떠나
지 않게 하여라. 22 그것이 너의 영혼에 생기를 불어넣으며, 너의 목
에 우아한 장식물이 될 것이다. 23 그 때에 너는 너의 길을 무사히 갈
것이며, 너의 발은 걸려 넘어지지 않을 것이다. 24 너는 누워도 두렵
지 않고, 누우면 곧 단잠을 자게 될 것이다. 25 너는 갑자기 닥치는 두
려운 일이나, 악한 사람에게 닥치는 멸망을 보고 무서워하지 말아라.
26 주님께서 네가 의지할 분이 되셔서 너의 발이 덫에 걸리지 않게 지
켜 주실 것이다. 27 너의 손에 선을 행할 힘이 있거든, 도움을 청하는
사람에게 주저하지 말고 선을 행하여라. 28 네가 가진 것이 있으면서
도, 너의 이웃에게 "갔다가 다시 오시오. 내일 주겠소" 말하지 말아라.
29 너를 의지하며 살고 있는 너의 이웃에게 해를 끼칠 계획은 꾸미지
말아라. 30 너에게 해를 끼치지 않는 사람과는, 까닭없이 다투지 말아
라. 31 폭력을 휘두르는 사람을 부러워하지 말고, 그의 행위는 그 어
떤 것이든 따르지 말아라. 32 참으로 주님은 역겨운 일을 하는 사람은
미워하시고, 바른길을 걷는 사람과는 늘 사귐을 가지신다. 33 주님은
악한 사람의 집에는 저주를 내리시지만, 의로운 사람이 사는 곳에는
복을 내려 주신다. 34 진실로 주님은, 조롱하는 사람을 비웃으시고,
겸손한 사람에게는 은혜를 베푸신다. 35 지혜있는 사람은 영광을 물
려받고, 미련한 사람은 수치를 당할 뿐이다.

화자는 1~12절에서 지혜의 유익을 다양한 표현으로 강조한다.

먼저 지혜를 소중히 여기면서 "인자(헤세드)와 진리"(에메트)를 따르면 장수하며 평안을 누리고, "하나님과 사람 앞에서 은혜를 입고 귀중히 여김을" 받는다고 말한다(1~4절). 지혜를 따르는 사람들은 자신의 명철을 의지하지 않고 악을 멀리하며 주님의 인도를 따른다(5, 7절). 주님께서 그들을 형통하고 건강하게 하신다(6, 8절). 그런 사람은 최선의 것으로 주님을 섬기고 주님은 그에게 복을 더하신다(9~10절).

지혜의 유익을 이토록 강조하는 이유는 지혜를 따르는 일이 미숙한 사람들에게 불편하고 고통스러워 보이기 때문이다. 하나님께서 불편하고 고통스러워 보이는 명령을 하신 이유는 우리를 괴롭히기 위해서가 아니라 사랑하시기 때문이다. 그러므로 주님의 훈계와 책망을 거부하지 말아야 한다(11~12절).

지혜를 찾고 명철을 얻는 사람은 진실로 복된 사람이다(13절). 지혜는 세상 어떤 것보다 귀하기 때문이다(14~15절). 사람들은 장수와 부귀영화와 즐거움과 평안의 복을 원한다. 하지만 그 모든 것이 지혜의 열매라는 사실을 알지 못한다(16~17절). 그것은 에덴동산에 있었던 "생명 나무"(창 3:22)

와 같다(18절). 인간은 죄로 인해 생명 나무에 접근할 수 없게 되었는데, 지혜는 불완전하나마 그 열매를 맛보게 해 준다.

19~20절은 지혜가 생명 나무의 역할을 하는 이유를 설명한다. 하나님은 지혜를 천지창조의 원리로 삼으셨다. 지혜를 따름이 곧 하나님의 창조 섭리를 따르는 것이다.

21~26절은 지혜가 인생 여정의 여러 위험에서 안전하게 지켜 준다고 강조한다.

27~31절은 이웃과 어떻게 지내야 하는지 가르친다. 도움을 청하는 이웃에게 선을 행하고, 해를 끼칠 생각은 품지도 말아야 한다. 나에게 해를 끼치려는 사람과 맞서지 말고, 악한 사람을 부러워하거나 따르지 말아야 한다. 지혜는 나 혼자만 잘 살려는 자기중심적 처세술이 아니라 모두를 이롭게 하는 창조 원리임을 여기서 다시 확인한다.

32~35절에서 화자는 지혜의 유익을 다시 한번 강조한다. 주님은 지혜를 따르는 사람들과 함께하며 복을 내려 주시고 은혜를 베푸신다. 그들은 하나님의 영광을 물려받는다. 반면 교만하여 지혜를 무시하고 욕망을 따라 악을 일삼는 사람들은 징계하신다. 그들은 자신들이 현명하다고 말하지만 실은 정말 '미련한 사람'이다.

3장에 나오는 지혜의 유익을 읽다 보면 지나치게 과장한 듯 보입니다. 지혜는 내면의 평안과 육체적인 건강과 물질적인 번영을 확보해 주는 능력이며, 인생사에서 겪을 수 있는 모든 불행에서 보호해 주는 능력이라고 말하기 때문입니다. 기복신앙 혹은 번영의 복음을 대변하는 것처럼 보입니다.

하나님을 의지하고 그분의 말씀을 따르고자 힘써온 사람들은 이 말이 백 퍼센트 맞는 말이 아님을 알 것입니다. 인생사를 너무 단순화시킨 듯 보입니다. 하나님을 신실하게 의지하고 진리를 따라 사는 사람에게도 불행은 찾아옵니다. 질병과 장애를 겪거나 물질의 궁핍함을 경험할 수 있습니다. 그런 현실을 생각하면 이 장에 나오는 지혜의 설명에 갸우뚱하게 됩니다.

하지만 이 말씀은 여전히 진리입니다. 19~20절에서 말한 것처럼, 지혜는 하나님의 창조 원리입니다. 요한복음은 그것을 '로고스'라고 표현합니다(1:1~5). 세속적인 지혜는 세상을 살아가는 처세술 정도로 여겨지지만, 성경에서 말하는 지혜는 하나님께서 주관하시는 우주의 운행과 인생살이의 기본 원리입니다.

하나님을 의지하고 그분 뜻과 섭리를 따를 때, 창조 원리가 우리 삶에 작동합니다. 그러면 인류 모두가 복된 삶을 누릴 수 있습니다. 죄로 인해 접근할 수 없었던 생명 나무의 열매를 맛볼 수 있습니다. 하지만 불행하게도 인류의 절대다수는 창조 원리를 거부하고 각자 자신의 소욕대로 살기를 택했습니다. 생명 나무에 이르는 길을 스스로 외면했습니다.

그런 까닭에 지혜를 따라 살고자 하는 사람도 인생사의 여러 불행을 피할 수 없습니다. 하지만 하나님의 창조 질서가 아직 완전히 망가지지 않았습니다. 하나님의 형상이 아직 우리에게 남아 있고, 이 세상에는 성령께서 역사하고 계십니다. 따라서 하나님의 지혜를 따르는 삶이 죄악 된 세상에서 우리가 택할 수 있는 최선입니다.

앞 장에서 말한 것처럼 "세상은 정직한 사람이 살 곳이요, 흠 없는 사람이 살아남을 곳"(2:21)입니다.

마음과 몸을
다하여

잠언 4장

1 아이들아, 너희는 아버지의 훈계를 잘 듣고, 명철을 얻도록 귀를 기
울여라. 2 내가 선한 도리를 너희에게 전하니, 너희는 내 교훈을 저버
리지 말아라. 3 나도 내 아버지에게는 아들이었고, 내 어머니 앞에서
도 하나뿐인 귀여운 자식이었다. 4 아버지는 내게 이렇게 가르치셨
다. "내 말을 네 마음에 간직하고, 내 명령을 지켜라. 네가 잘 살 것이
다. 5 지혜를 얻고, 명철을 얻어라. 내가 친히 하는 말을 잊지 말고, 어
기지 말아라. 6 지혜를 버리지 말아라. 그것이 너를 지켜 줄 것이다.
지혜를 사랑하여라. 그것이 너를 보호하여 줄 것이다. 7 지혜가 으뜸
이니, 지혜를 얻어라. 네가 가진 모든 것을 다 바쳐서라도 명철을 얻
어라. 8 지혜를 소중히 여겨라. 그것이 너를 높일 것이다. 지혜를 가
슴에 품어라. 그것이 너를 존귀하게 할 것이다. 9 그 지혜가 아름다
운 화관을 너의 머리에 씌워 주고, 영광스러운 왕관을 너에게 씌워 줄
것이다." 10 아이들아, 들어라. 내 말을 받아들이면, 네가 오래 살 것
이다. 11 내가 네게 지혜로운 길을 가르쳐 주었고, 너를 바른길로 이
끌어 주었으므로, 12 네가 걸을 때에, 네 걸음이 막히지 않고, 달려가
도 넘어지지 않을 것이다. 13 훈계를 놓치지 말고 굳게 잡아라. 그것

은 네 생명이니, 단단히 지켜라. 14 악독한 사람의 길에 들어서지 말
고, 악한 사람의 길로는 다니지도 말아라. 15 그런 길은 피하고, 건너
가지도 말며, 발길을 돌려서, 지나쳐 버려라. 16 그들은 악한 일을 저
지르지 않고는 잠을 이루지 못하며, 남을 넘어지게 하지 않고는 잠
을 설치는 자들이다. 17 그들은 악한 방법으로 얻은 빵을 먹으며, 폭
력으로 빼앗은 포도주를 마신다. 18 의인의 길은 동틀 때의 햇살 같아
서, 대낮이 될 때까지 점점 더 빛나지만, 19 악인의 길은 캄캄하여, 넘
어져도 무엇에 걸려 넘어졌는지 알지 못한다. 20 아이들아, 내가 하
는 말을 잘 듣고, 내가 이르는 말에 귀를 기울여라. 21 이 말에서 한시
도 눈을 떼지 말고, 너의 마음 속 깊이 잘 간직하여라. 22 이 말은 그것
을 얻는 사람에게 생명이 되며, 그의 온 몸에 건강을 준다. 23 그 무엇
보다도 너는 네 마음을 지켜라. 그 마음이 바로 생명의 근원이기 때문
이다. 24 왜곡된 말을 네 입에서 없애 버리고, 속이는 말을 네 입술에
서 멀리하여라. 25 눈으로는 앞만 똑바로 보고, 시선은 앞으로만 곧게
두어라. 26 발로 디딜 곳을 잘 살펴라. 네 모든 길이 안전할 것이다. 27
좌로든 우로든 빗나가지 말고, 악에서 네 발길을 끊어 버려라.

1~9절은 아버지가 부친에게서 들은 교훈을 아들에게 전해 주는 형식으로 지혜를 전한다.

무엇보다 지혜와 명철을 사모하고 추구해야 한다. 그것을 얻으면 마음에 잘 간직하고 충실하게 지켜야 한다. 그러면 지혜가 그를 보호한다. 추구할 것 중에 최고는 명철이고, 얻어야 할 것 중에 가장 좋은 것은 지혜다. 지혜를 품으면 지혜가 그를 높여주고 영광을 얻게 한다(9절).

10~19절은 지혜의 길과 어리석음의 길, 바른길과 그릇된 길, 의로운 자의 길과 악한 자의 길을 대비하여 설명한다. 지혜를 따름이 형통하는 길이다(12절). 악한 사람의 길에 들어서지 않도록 힘써야 한다. 의인의 길은 밝지만, 악인의 길은 어둡다(18~19절). 의인의 길은 생명으로 향하지만, 악인의 길은 멸망으로 향한다.

20~27절은 지혜의 중요성을 다시 강조한다. 한시도 놓지 말고 붙들어야 하는 것이 지혜다. 지혜에 생명이 있기 때문이다.

그렇게 살기 위해서는 가장 먼저 마음을 지켜야 한다(23절). 이 말씀은 마음을 지키는 것이 제일 중요하다는 의미로 풀 수 있지만, 마음을 지키는 일에 모든 노력을 집중해야 한다는 뜻으로도 해석할 수 있다. 마음은 의지요 감정이며 욕망이기 때문이다. 그곳이 모든 것의 출발점이다.

그런 다음 입을 다스려야 한다(24절). 입에 악한 말을 올리면 마음도 그것을 따라간다. 동시에 눈을 조심해야 한다(25절). 보는 것이 그의 마음을 오염시키기 때문이다. 마지막으로 발을 조심해야 한다(26절). 지혜의 길에서 올곧게 걷도록 힘써야 한다.

어릴 때 불렀던 찬송이 생각납니다.

"네 눈이 보는 것을 조심해 네 눈이 보는 것을 조심해 위에 계신 주께서 사랑스레 보시네 네 눈이 보는 것을 조심해."

2절은 입, 3절은 손, 4절은 발로 이어집니다. 마지막 절은 "눈과 입과 손과 발 조심해 눈과 입과 손과 발 조심해 위에 계신 주께서 사랑스레 보시네 눈과 입과 손과 발 조심해"입니다.

어릴 적 우리는 불꽃 같은 눈으로 우리를 감찰하시는 하나님의 눈을 의식하며 살라는 가르침을 받았습니다. 이 가르침으로 인해 우리는 하나님이 우리를 항상 감시하시고 우리의 잘못 때문에 화가 나 있다고 생각했습니다. 그래서 입으로는 "위에 계신 주께서 사랑스레 보시네"라고 노래하면서도 마음으로는 '위에 계신 주께서 노려보고 계시네'라는 의미로 받아들였습니다.

사실 믿는 이들 중에 하나님을 무서운 분, 감시하는 분, 화가 가득한 분, 언제라도 분노를 터뜨리실 분으로 생각하는 사람들이 많습니다. 그래서 하나님 앞에 서기를 두려워합니다. 주님 앞에 선다 해도 사랑의 사귐을 가지지 못합니다. 예수님은 우리에게 하나님을 "아빠"라고 부르라고 하셨는데, 무서운 하나님을 그렇게 부르기란 쉬운 일이 아닙니다. 하나님을 무서워하는 믿음은 성장하지 못합니다. 그 사람의 목표는 하나님께 혼나지 않는 것이기 때문입니다.

하나님은 분명 무서운 분입니다. 하지만 우리를 극진히 사랑하십니다. 그분은 불꽃 같은 눈으로 우리를 지켜보십니다. 하지만 그것은 잘못을 찾아내 징계하시려는 의도가 아니라 보호하고 인도하시려는 것입니다.

주님은 때로 분노하십니다. 하지만 그것도 우리를 사랑하시기 때문입니다. 우리가 마음을 지키고 입과 눈과 손과 발을 조심하는 이유는 항상 우리를 사랑스레 보시고 인도하시는 하나님을 의식하기 때문입니다. 그래서 앞장에서 저자가 "참으로 주님은 역겨운 일을 하는 사람은 미워하시고, 바른길을 걷는 사람과는 늘 사귐을 가지신다"(3:32)고 한 것입니다.

지혜와의
밀월

잠언 5장

1 내 아들아, 너는 내 지혜에 주의를 기울이고 내 명철에 너의 귀를 기
울여서, 2 분별력을 간직하고, 네 입술로 지식을 굳게 지켜라. 3 음행
하는 여자의 입술에서는 꿀이 떨어지고, 그 말은 기름보다 매끄럽지
만, 4 그것이 나중에는 쑥처럼 쓰고, 두 날을 가진 칼처럼 날카롭다. 5
그 여자의 발은 죽을 곳으로 내려가고, 그 여자의 걸음은 스올로 치닫
는다. 6 그 여자는 생명의 길을 지키지 못하며, 그 길이 불안정해도 그
것을 깨닫지 못한다. 7 내 아들아, 이제 너희는 내 말을 잘 들어라. 내
가 하는 말에서 벗어나지 말아라. 8 네 길에서 그 여자를 멀리 떨어져
있게 하여라. 그 여자의 집 문 가까이에도 가지 말아라. 9 그렇지 않
으면, 네 영예가 다른 사람에게 넘어가고, 네 아까운 세월을 포학자
들에게 빼앗길 것이다. 10 다른 사람이 네 재산으로 배를 불리고, 네
가 수고한 것이 남의 집으로 돌아갈 것이다. 11 마침내 네 몸과 육체
를 망친 뒤에, 네 종말이 올 때에야 한탄하며, 12 말하기를 "내가 어찌
하여 훈계를 싫어하였던가? 내가 어찌하여 책망을 멸시하였던가? 13
내가 스승에게 순종하지 않고, 나를 가르쳐 주신 분에게 귀를 기울이
지 않고 있다가, 14 온 회중이 보는 앞에서 이런 처절한 재난을 당하는
구나!" 할 것이다. 15 너는 네 우물의 물을 마시고, 네 샘에서 솟아나
는 물을 마셔라. 16 어찌하여 네 샘물을 바깥으로 흘려 보내며, 그 물
줄기를 거리로 흘려 보내려느냐? 17 그 물은 너 혼자만의 것으로 삼
고, 다른 사람들과 나누지 말아라. 18 네 샘이 복된 줄 알고, 네가 젊어
서 맞은 아내와 더불어 즐거워하여라. 19 아내는 사랑스러운 암사슴,
아름다운 암노루, 그의 품을 언제나 만족스럽게 생각하고, 그의 사랑
을 언제나 사모하여라. 20 내 아들아, 어찌하여 음행하는 여자를 사모
하며, 부정한 여자의 가슴을 껴안겠느냐? 21 주님의 눈은 사람의 길을
지켜 보시며, 그 모든 길을 살펴보신다. 22 악인은 자기의 악에 걸리
고, 자기 죄의 올무에 걸려 들어서, 23 훈계를 받지 않아서 죽고, 너무
나 미련하여 길을 잃는다.

5장에서는 지혜를 따르는 삶을 아내에게 정절을 지키는 남편에 비유한다. 앞장에서 화자는 아들에게 '지혜를 연인처럼 사랑하라'고 가르쳤는데(4장 6, 8절), 그 비유를 좀 더 확장한 셈이다.

먼저 화자는 아들에게 자신이 전해 준 지혜와 명철을 배우고 지키라고 권한다(1~2절). 그런 다음 음행하는 여자의 유혹을 조심하라고 말한다. "음행하는 여자"는 성매매 여성 혹은 성적으로 문란한 여성을 의미한다. 그 여인의 말은 달콤하지만 곧 쓴맛으로 변하고, 그녀가 이끄는 길은 멸망에 이른다(3~6절).

다음 절에서는 그런 여자를 찾아가지 말라고 명령한다. 그럴 경우, 영예가 더럽혀지고 시간은 허비된다. 재산을 빼앗기고 건강을 망칠 수도 있다. 그런 일을 당한 후에는 아무리 후회해도 소용이 없다(7~14절).

음행하는 여인과의 성적 관계를 경계한 화자는 이제 아내에게로 눈길을 돌린다. 15절은 아내와의 성적 관계에 만족하라는 뜻이다. "샘물을 바깥으로 흘려보내는 것"(16절)은 남성의 외도나 남편의 외도로 발생한 아내의 외도를 의미할 수 있다. 17절에서 화자는 다시 부부 사이의 정절을 비유로 강조한다. 18~19절은 마치 아가서의 한 구절처럼 보인다. 부부 사이의 성적인 관계는 하나님께서 축복하시는 좋은 선물이다.

화자는 음행하는 여인을 주의하라며 반복해 경고한 다음(20절), 성적인 관계까지 지켜보며 살피시는 주님을 강조한다(21절). 사람들은 더 큰 쾌락을 얻기 위해 음행을 찾지만, 실은 스스로 올무에 걸려 망하는 길이다(22~23절).

이 장의 내용은 중의적이다. 겉으로는 결혼 관계를 귀중히 여기고 배우자와의 성적 결합에서 기쁨을 누리라고 말한다. 성적 쾌락을 증폭시키기 위해 간음과 음행을 탐하면 결국 인생을 망치고 하나님 앞에서 심판받는다고 가르친다.

다른 한편, 음행하는 여자와 사랑하는 아내는 각각 세속적인 지혜와 하나님의 지혜를 비유한다. 결혼의 언약 안에서 배우자와의 사랑에 만족을 누리듯, 우리는 하나님의 지혜를 배우자 삼아 밀월을 즐겨야 한다.

전통적인 성 윤리와 가정 윤리가 위협받고 있습니다. 프랑스 68혁명에서 시작된 성 해방 운동이 한계를 모르고 확장되고 있습니다. '폴리아모리'(결혼은 하지만 부부의 합의하에 성 관계는 구속하지 않는 관계)를 좋은 대안으로 여기는 시대입니다. 성적 관계에서 절제, 정절, 순결 같은 덕목이 어리석게 취급당하고 성적 욕망을 극대화하는 것이면 무엇이든 허용하자는 방향으로 가고 있습니다. 이런 시대사조에 익숙한 사람이 이 장을 읽으면 질식할 것 같은 답답함을 느낄 것입니다.

성적 윤리의 가르침을 꽉 막힌 꼰대들의 생각으로 여기는 우리 시대는 성서의 지혜에도 같은 평가를 내립니다. 그것은 3천 년 전에나 통하던 말이지, 지금은 그렇게 살 필요가 없다고 생각합니다.

하지만 그 지혜를 신실하게 실천한 사람은 압니다. 결혼 관계 안에서 서로를 귀하게 여기며 사랑을 키워 온 사람들은 3천 년 전의 진리가 지금도 여전히 진리임을 압니다. 사실 이 책을 집필한 3천 년 전에도 지혜를 조롱하고 성적 정절을 어리석음으로 간주하던 사람들이 있었습니다.

오늘도 두 가지 사실, 즉 주님은 내 마음 깊은 곳까지 감찰하시며 일거수일투족을 모두 보신다는 사실과 죄의 길은 겉으로는 쾌락을 주는 것 같지만 결국 불행으로 인도한다는 사실을 기억합니다.

‘조금만 더’라는 유혹

잠언 6장 1~19절

1 아이들아, 네가 이웃을 도우려고 담보를 서거나, 남의 딱한 사정을
듣고 보증을 선다면, 2 네가 한 그 말에 네가 걸려 들고, 네가 한 그 말
에 네가 잡힌다. 3 아이들아, 네가 너의 이웃의 손에 잡힌 것이니, 어
서 그에게 가서 풀어 달라고 겸손히 간청하여라. 너는 이렇게 하여 자
신을 구하여라. 4 잠을 자지도 말고, 졸지도 말고 5 노루가 사냥꾼의
손에서 벗어나듯, 새가 새 잡는 사람의 손에서 벗어나듯, 어서 벗어나
서 너 자신을 구하여라. 6 게으른 사람아, 개미에게 가서, 그들이 사는
것을 살펴보고 지혜를 얻어라. 7 개미는 우두머리도 없고 지휘관도
없고 통치자도 없지만, 8 여름 동안 양식을 마련하고, 추수 때에 먹이
를 모아 둔다. 9 게으른 사람아, 언제까지 누워 있으려느냐? 언제 잠
에서 깨어 일어나려느냐? 10 "조금만 더 자야지, 조금만 더 눈을 붙여
야지, 조금만 더 팔을 베고 누워 있어야지" 하면, 11 네게 가난이 강도
처럼 들이닥치고, 빈곤이 방패로 무장한 용사처럼 달려들 것이다. 12
건달과 악인은 그릇된 말이나 하며 돌아다닌다. 13 그들은 눈짓과 발
짓과 손짓으로 서로 신호를 하며, 14 그 비뚤어진 마음으로 항상 악을
꾀하며, 싸움만 부추긴다. 15 그러므로 갑자기 닥쳐오는 재앙을 만나,
순식간에 망하고, 회복되지 못한다. 16 주님께서 미워하시는 것, 주님
께서 싫어하시는 것이 예닐곱 가지이다. 17 교만한 눈과 거짓말하는
혀와 무죄한 사람을 피 흘리게 하는 손과 18 악한 계교를 꾸미는 마음
과 악한 일을 저지르려고 치닫는 발과, 19 거짓으로 증거하는 사람과,
친구 사이를 이간하는 사람이다.

1~19절은 크게 해로워 보이지 않지만, 그럼에도 조심해야 할 일들을 경고한다.

첫째는 다른 사람을 위해 재정 보증을 서는 일이다(1~5절). 잠언에는 보증을 서지 말라는 경고가 여러 번 나온다(11:15, 17:18, 22:26~27, 27:13). 오늘날에도 그렇지만 당시에도 재정 보증 제도는 경제적 강자가 약자를 옭아매려는 덫으로 사용되곤 했다. 어려운 상황에 있는 지인을 도우려는 순수한 의도가 악한 자에게 오용되었다. 그 덫에 걸리지 않으려면 보증 대신 다른 방법을 찾아야 한다.

둘째는 게으름이다(6~11절). 저자는 개미를 예로 들어 부지런히 살라고 권면한다. 게으른 사람들의 핑계는 '조금만 더'다. 약간의 게으름은 무해할 것 같지만 그것이 습관이 되면 가난이 도둑처럼 덮친다.

셋째는 가벼운 악행이다(12~15절). "건달과 악인"에 해당하는 히브리어는 '가치 없는 사람'이라는 뜻이다. 사람은 누구나 절대 가치를 부여받은 존재다. 하지만 자신에게 부여된 가치를 모르는 사람은 가치 없는 일로 인생을 허비한다. 그런 사람을 우리는 '건달'이라고 부른다. 그들은 헛된 말을 하고 다니며 갈등과 분열을 일으킨다. 인생 허비에 그치지 않고 공동체를 분열시킨다.

넷째는 주님께서 미워하시는 일곱 가지의 악이다(16~19절). 잠언에서 몇 가지 악을 나열할 때 항상 마지막에 언급하는 악에 그 초점이 있다. 앞에서 열거한 여섯 가지 악(교만, 거짓말, 폭력, 악의, 악행, 거짓 증언)은 일곱 번째 악(이간)을 만들어 낸다. 새번역은 19절을 "친구 사이를 이간하는"이라고 번역했지만, 개역개정은 "형제 사이를 이간하는"이라고 번역했다. 어떻게 번역하든 '이간'은 공동체를 분열시키는 행동이다. 무심코 행한 작은 악들이 쌓이면 가정, 사회 나아가 국가를 분열시키는 불행을 초래한다.

록펠러가 "돈을 얼마나 가지면 만족하겠습니까?"라는 기자의 질문에, "조금만 더 있으면 됩니다"라고 답했다는 일화는 유명합니다. 죄된 욕망이 우리를 타락과 멸망으로 이끄는 과정에서 가장 자주 넘어가는 속임수가 바로 '조금만 더'입니다.

우리는 작은 악 앞에서 "이 정도야 뭐!" 하고 생각하며 손을 댑니다. 대수롭지 않게 보이도록 해서 경계심을 풀게 합니다. 그 작은 악이 거대한 악으로 끌어들이려는 미끼임을 인지하지 못합니다. 인지하더라도 "언제라도 손을 떼면 되지"라고 쉽게 생각합니다. 주체할 수 없는 욕망을 따라 "조금만 더! 조금만 더!" 하면서 분투하는 사람이나, 게으름의 욕망에 이끌려 "조금만 더…"라고 핑계 삼으며 나락으로 들어가는 사람이나, "이 정도야 문제 되겠어?"라며 가지 말아야 할 곳으로 향하는 사람이나 모두 죄된 욕망에 속았다는 점에서 동일합니다. 그 방심은 결국 돌이킬 수 없는 지점까지 끌고 갈 것입니다.

마르틴 루터는 죄의 유혹을 뱀에 비유했습니다. 뱀은 일단 먹잇감의 머리부터 입에 집어넣은 후 결국에는 몸통 전체를 집어삼킵니다. 이처럼 죄는 일단 머리만 집어넣어 안심시킨 뒤 서서히 몸 전체를 집어삼키며 그 사람을 지배합니다. 따라서 "이 정도야 뭐"라는 생각이 들 때, 화들짝 깨어 죄의 유혹을 물리쳐야 합니다.

성,
바른 표적과
적절한 한계

20 아이들아, 아버지의 명령을 지키고, 어머니의 가르침을 저버리지
말아라. 21 그것을 항상 네 마음에 간직하며, 네 목에 걸고 다녀라. 22
네가 길을 갈 때 그것이 너를 인도하여 주며, 네가 잠잘 때에 너를 지
켜 주고, 네가 깨면 너의 말벗이 되어 줄 것이다. 23 참으로 그 명령은
등불이요, 그 가르침은 빛이며, 그 훈계의 책망은 생명의 길이다. 24
이것이 너를 악한 여자에게서 지켜 주고, 음행하는 여자의 호리는 말
에 네가 빠지지 않게 지켜 준다. 25 네 마음에 그런 여자의 아름다움
을 탐내지 말고, 그 눈짓에 홀리지 말아라. 26 과연 창녀는 사람을 빵
한 덩이만 남게 만들며, 음란한 여자는 네 귀중한 생명을 앗아간다.
27 불을 가슴에 안고 다니는데 옷이 타지 않을 수 있겠느냐? 28 숯불
위를 걸어 다니는데 발이 성할 수 있겠느냐? 29 남의 아내와 간통하는
자가 이렇다. 남의 아내를 범하고서도 어찌 무사하기를 바라겠느냐?
30 도둑이 다만 허기진 배를 채우려고 훔쳤다면, 사람들은 그 도둑을
멸시하지 않을 것이다. 31 그래도 훔치다 들키면 일곱 배를 갚아야 하
고, 심하면 자기 집에 있는 모든 재산을 다 내주어야 할 것이다. 32 남
의 아내와 간음하는 사람은 생각이 모자라는 사람이다. 자기 영혼을
망치려는 사람만이 그런 일을 한다. 33 그는 매를 맞고 창피를 당할
것이니, 그 수치를 절대로 씻을 수 없을 것이다. 34 그의 남편이 질투
에 불타서 복수하는 날, 조금도 동정하여 주지 않을 것이다. 35 어떤
보상도 거들떠보려고 하지 않을 것이며, 아무리 많은 위자료를 가져
다 주어도 받으려 하지 않을 것이다.

화자는 부모 혹은 스승의 가르침을 귀하게 여겨 마음에 간직하라고 이른다(20~21절). 지혜는 깨어 있을 때나 잠잘 때나 늘 우리의 삶을 지켜 주기 때문이다.

지혜가 "말벗이 되어 줄 것"(22절)이라는 표현은 주목할 만하다. 지혜의 말씀은 늘 생각하고 묵상할 만큼 심오한 진실을 담고 있다. 지혜를 마음에 둔 사람은 혼자 있어도 외롭지 않다. 지혜를 통해 하나님과 함께하기 때문이다. 지혜는 삶의 길을 밝혀 주어 바른길을 가게 한다(23절).

지혜는 삶의 모든 영역에서 진가를 드러낸다. "지혜가 길거리에서 부르며, 광장에서 그 소리를 높이며, 시끄러운 길머리에서 외치며, 성문 어귀와 성 안에서 말을 전한다"(1:20)고 한 이유가 여기에 있다. 하나님의 지혜를 따를 때에는 사적 영역과 공적 영역에서 모두 실천해야 한다.

지혜를 실천할 가장 은밀한 영역은 성적 영역이다. 화자는 5장에 이어 다시금 성적 순결을 강조한다. 하나님의 지혜는 간음과 음행의 죄에 빠지지 않게 지켜 준다(24절). 남성 중심의 문화권에서 나온 표현이기에 여기서의 '여자'는 '사람'으로 읽어야 한다.

화자는 음행하는 사람들이 매력적으로 보임을 인정한다. 하지만 그 매력에 끌리면 멸망의 길을 선택한 것이다. 그것은 불을 가슴에 안고 다니고 숯불 위를 걸어 다니는 것과 같다(25~28절).

모든 종류의 성적 비행을 피해야 하지만, 그중에서도 배우자가 있는 상대와의 성적 비행이 가장 위험하다(29절). 그것은 다른 사람의 소유물을 훔치는 도둑질이고, 배우자에게 배신당한 사람의 잔인한 복수가 기다리고 있기 때문이다(30~35절).

욕망은 원래 하나님이 인간에게 부여하신 선한 선물이었습니다. 식욕이 있기에 건강을 유지하고, 의욕이 있기에 무엇인가를 시도하며, 명예욕이 있기에 자기 일에 전심할 수 있습니다. 창조의 꽃으로서 다른 피조물들을 돌보고 섬기는 능력은 모두 욕망에서 나옵니다.

하나님은 선한 청지기로 살아가도록 우리에게 거룩한 욕망을 선물로 주셨습니다. 인간이 인간일 수 있는 이유는 욕망 때문입니다. 의욕을 상실한 사람이 극단적인 선택을 하는 이유는 살아야 할 이유를 찾지 못했기 때문입니다.

사탄의 유혹에 끌린 첫 사람들이 욕망을 오용하기로 선택했습니다. 그로 인해 인간의 욕망은 한계를 넘어섰고 표적도

잃었습니다. 죄는 '빗나간 욕망'이며 '한계를 넘어선 욕망'입니다. 죄를 의미하는 히브리어 '하타'가 '표적을 빗나가다'라는 뜻인 것은 매우 의미심장합니다. 첫 사람들이 인간의 한계를 넘어 하나님처럼 되고자 선악과를 따 먹은 일도 죄의 본질을 잘 보여 줍니다.

죄된 욕망의 본질이 가장 잘 드러나는 영역이 성적 영역입니다. 성욕이 죄에 오염되면 한계를 넘어서고 표적을 잃습니다. 음행은 한계를 넘어선 성행위를 의미하고, 간음은 표적을 벗어난 성행위를 의미합니다.

성적 욕망을 표현할 바른 표적은 사랑의 언약을 맺은 배우자입니다. 성적 욕망은 상대방을 향한 사랑의 표현이어야 합니다. 사랑의 언약 안에서 누리는 성관계는 두 사람 모두에게 깊은 안식과 만족을 맛보게 합니다. 그 범위와 표적을 벗어난 성행위는 잠깐의 쾌락을 주는지 모르나 결국 참담한 불행을 경험하게 합니다.

지혜를
연인 삼아

잠언 7장

1 아이들아, 내 말을 지키고, 내 명령을 너의 마음 속 깊이 간직하여
라. 2 내 명령을 지켜서 잘 살고 내 교훈을 너의 눈동자를 보호하듯 지
켜라. 3 그것을 너의 손가락에 매고, 네 마음 속 깊이 새겨 두어라. 4
지혜에게는 "너는 내 누이"라고 말하고, 명철에게는 "너는 내 친구"라
고 불러라. 5 그러면 그것이 너를 음행하는 여자로부터 지켜 주고, 달
콤한 말로 호리는 외간 여자로부터 지켜 줄 것이다. 6 나는, 나의 집
창가에서 창살문으로 내다보다가, 7 어수룩한 젊은이들 가운데, 지혜
없는 젊은이가 있는 것을 보았다. 8 그는 거리를 지나 골목 모퉁이로
가까이 가서, 그 여자의 집으로 가는 길로 발걸음을 옮겼다. 9 저녁이
되어 땅거미가 지고, 밤이 되어 어두워진 때였다. 10 한 여자가 창녀
옷을 입고서, 교활한 마음을 품고 그에게 다가갔다. 11 그 여자는 마
구 떠들며, 예의 없이 굴며, 발이 집에 머물러 있지를 못한다. 12 때로
는 이 거리에서, 때로는 저 광장에서, 길목마다 몸을 숨기고 있다가,
13 그 젊은이를 와락 붙잡고 입을 맞추며, 뻔뻔스러운 얼굴로 그에게
말하였다. 14 "오늘 나는 화목제를 드려서, 서원한 것을 실행하였습니
다. 15 그래서 나는 당신을 맞으러 나왔고, 당신을 애타게 찾다가, 이

렇게 만나게 되었습니다. 16 내 침대에는 요도 깔아 놓았고, 이집트에
서 만든 무늬 있는 이불도 펴놓았습니다. 17 누울 자리에는 몰약과 침
향과 육계향을 뿌려 두었습니다. 18 자, 어서 가서 아침이 되도록 한
껏 사랑에 빠지고, 서로 사랑하면서 즐깁시다. 19 남편도 먼 여행길을
떠나서 집에 없습니다. 20 돈주머니를 가지고 갔으니, 보름달이 뜰 때
라야 집에 돌아올 겁니다." 21 이렇게 여러 가지 달콤한 말로 유혹하
고 호리는 말로 꾀니, 22 그는 선뜻 이 여자의 뒤를 따라 나섰다. 마치
도살장으로 끌려가는 소와도 같고, 올가미에 채이러 가는 어리석은
사람과도 같다. 23 마치 자기 목숨을 잃는 줄도 모르고 그물 속으로
쏜살같이 날아드는 새와 같으니, 마침내 화살이 그의 간을 꿰뚫을 것
이다. 24 아이들아, 이제 너희는 나의 말을 잘 들어라. 내가 하는 말을
명심하여라. 25 네 마음이 그 여자가 가는 길로 기울지 않게 하고, 그
여자가 가는 길로 빠져 들지 않게 하여라. 26 그 여자에게 상처를 입
고 쓰러진 사람이 많고, 그 여자 때문에 죽은 남자도 헤아릴 수 없이
많다. 27 그런 여자의 집은 스올로 트인 길이며, 죽음의 안방으로 내
려가는 길이다.

1~5절에서 화자는 지혜를 누이처럼, 친구처럼 여기며 친밀하게 사귀라고 권한다. 그러면 지혜가 음행하는 여자에게서 그 사람을 지켜 줄 것이다.

앞에서 언급한 것처럼 지혜를 의미하는 히브리어 '호크마'는 여성형 명사다. 또한 하나님의 지혜는 인격이다. 따라서 "너는 내 누이" 혹은 "너는 내 친구"라고 부르라는 말(4절)은 단순한 비유가 아니다. 하나님의 지혜를 연인 삼아 친밀하게 사귀라는 뜻이다.

이어서 화자는 지혜를 가까이 두지 않은 한 청년이 음란한 여인에게 속절없이 유혹당하는 광경을 목도했다고 말한다(6~7절). 유혹한 여인도 문제지만, 그 청년에게도 문제가 있다. 음란한 여인이 있는 곳에서 서성거렸기 때문이다(8~9절). 성적 쾌락을 향한 부정한 욕망이 있었던 것이다.

그때 한 여인이 나타나 그를 유혹한다. 여인은 화목제를 드리고 받아온 고기가 집에 있으며 쾌락을 즐길 만한 모든 준비가 되어 있다고 말하며 청년을 유혹한다. 그러면서 남편은 오래도록 집을 비울 예정이라고 덧붙인다(10~20절). 청년은 여인을 따라간다. 화자가 볼 때 그는 도살장으로 끌려가는 소와 같고 그물에 걸린 새와 같았다(21~23절).

이렇게 목격담을 말한 후에 화자는 그런 유혹을 받지 않게 경계하라고 권면한다. 그 여인의 집은 쾌락의 향연장이 아니라 "죽음의 안방"(개역개정 "사망의 방")이기 때문이다(24~27절).

5~6장에 이어 7장에서도 계속 음란한 여인을 주의하라고 말합니다. 여기서의 음란한 여인은 실제이기도 하고 비유이기도 합니다. 실제 생활에서 지혜를 따르는 사람은 성적으로 문란한 사람의 유혹에 흔들리지 않습니다. 그것이 패망의 원인임을 알기 때문입니다. 비유하면 음란한 여인은 지혜를 떠나 타락한 욕망을 따라 사는 삶을 의미합니다. 지혜를 누이처럼 여기고 사랑하면 어리석은 길에 다가가지 않습니다.

여기서 화자는 죄에 관해 두 가지 중요한 통찰을 보여 줍니다.

첫째, 우리가 죄악을 행하는 이유는 일차적으로 내면에 있는 죄를 향한 욕망 때문입니다. 화자가 본 청년이 음란한 여인의 집 근처에서 서성대지 않았다면 유혹받지 않았을 것입니다. 내면에 있던 부정한 욕망이 구실을 찾아 음란한 여인의 동네에서 서성대게 했습니다. 그래서 지혜자는 "네 마음이 그 여자가 가는 길로 기울지 않게 하라"(25절)고 말합니다.

둘째, 죄는 우리에게 행복감을 안겨 줄 것처럼 속입니다. 하지만 그것은 환멸감과 낭패감, 죽음의 맛을 느끼게 할 뿐입니다. 쾌락을 찾아 음란한 여인의 집에 들어가는 일은 곧 죽음의 안방으로 들어가는 것입니다.

믿는 이들은 드러내 놓고 죄짓기를 두려워합니다. 하지만 죄된 욕망은 부정한 만족을 은밀하게 탐합니다. 유혹이 있는 곳으로 슬금슬금 다가가 자신을 흔들어 주기 바랍니다. 유혹을 빌미로 은밀한 욕망을 만족시키고 싶어 합니다. 선악과를 따 먹은 후 아담이 하와에게, 하와가 뱀에게 핑계를 댄 것처럼 말입니다. 아담이 하와에게 책임을 돌리는 듯했지만 실은 그 책임을 하나님께 돌렸습니다("하나님께서 저와 함께 살라고 짝지어 주신 여자, 그 여자가…", 창 3:12).

이처럼 죄는 인간을 가장 비겁하고 비열하게 만듭니다.

온 세상에
가득한
지혜의 소리

잠언 8장 1~21절

1 지혜가 부르고 있지 않느냐? 명철이 소리를 높이고 있지 않느냐? 2
지혜가 길가의 높은 곳과, 네거리에 자리를 잡고 서 있다. 3 마을 어귀
성문 곁에서, 여러 출입문에서 외친다. 4 "사람들아, 내가 너희를 부
른다. 내가 모두에게 소리를 높인다. 5 어수룩한 사람들아, 너희는 명
철을 배워라. 미련한 사람들아, 너희는 지혜를 배워라. 6 너희는 들어
라. 나는 옳은 말만 하고, 내 입술로는 바른 말만 한다. 7 내 입은 진
실을 말하며, 내 입술은 악을 싫어한다. 8 내가 하는 말은 모두 의로
운 것뿐이며, 거기에는 비뚤어지거나 그릇된 것이 없다. 9 총명이 있
는 사람은 이 모든 말을 옳게 여기고, 지식이 있는 사람은 이 모든 말
을 바르게 여긴다. 10 너희는 은을 받기보다는 내 훈계를 받고, 금을
선택하기보다는 지식을 선택하여라. 11 참으로 지혜는 진주보다 좋으
며, 네가 갖고 싶어하는 그 어떤 것도 이것과 비교할 수 없다." 12 "나
지혜는 명철로 주소를 삼으며, 지식과 분별력을 가지고 있다. 13 주님
을 경외하는 것은 악을 미워하는 것이다. 나는 교만과 오만, 악한 행
실과 거짓된 입을 미워한다. 14 내게는 지략과 건전한 지혜가 있으며,
명철과 능력이 있다. 15 내 도움으로 왕들이 통치하며, 고관들도 올바
른 법령을 내린다. 16 내 도움으로 지도자들이 바르게 다스리고, 고
관들 곧 공의로 재판하는 자들도 올바른 판결을 내린다. 17 나는, 나
를 사랑하는 사람을 사랑하며, 나를 간절히 찾는 사람을 만나 준다.
18 부귀와 영화도 내게 있으며, 든든한 재물과 의도 내게 있다. 19 내
가 맺어 주는 열매는 금이나 순금보다 좋고, 내가 거두어 주는 소출은
순은보다 좋다. 20 나는 의로운 길을 걸으며, 공의로운 길 한가운데를
걷는다. 21 나를 사랑하는 사람에게는 내가 재물을 주어서, 그의 금고
가 가득 차게 하여 줄 것이다."

1~3절에서 화자는 지혜의 소리가 온 천하에 울려 퍼지고 있지 않느냐고 묻는다. 듣고 배우려는 마음만 있으면 지혜는 항상 곁에 있다는 뜻이다. 지혜는 사물이 아니라 인격체와 같다. 눈을 뜨고 보면, 우주의 질서와 생명 현상을 통해 지혜의 소리를 들을 수 있다.

4절부터는 화자가 일인칭으로 바뀐다. 지혜 여인은 목소리를 높여 사람들을 부른다. 그에게는 명철과 지혜가 있어서 "옳은 말"(개역개정 "선한 것")과 "바른 말"(개역개정 "정직")만 한다. 그는 진실을 좋아하고 악을 싫어한다. 의로운 것만을 말한다. 따라서 진실을 알아볼 눈이 있는 사람들은 지혜를 찾는다. 그들은 진귀한 보물보다 지혜를 더 귀히 여긴다(4~11절).

12~21절까지는 지혜 여인이 자신을 설명한다. 그는 모든 악을 미워하고 모든 지혜를 겸비하고 있다(12~14절). 왕의 통치도, 법관의 재판도, 지도자의 다스림도 모두 지혜를 의지하지 않고는 제대로 행할 수 없다. 지혜의 가치를 알아보는 사람은 더 많은 지혜를 찾는다. 지혜 여인은 자신을 사모하여 가까이하려는 사람에게 다가간다(15~17절). 지혜를 얻은 사람은 "의로운 길"을 걷고 "공의로운 길 한 가운데"를 걸으면서도 부귀영화를 누린다(18~21절).

하나님은 온 세상을 지혜로 지으셨습니다. 우주의 운행과 생명 현상 안에 하나님의 음성이 들리고 그분의 뜻이 드러나 있습니다. 들을 귀가 있는 사람만 그 소리를 듣고, 볼 눈이 있는 사람만 그분의 손길을 봅니다. 믿음이란 들리지 않는 소리를 듣고, 보이지 않는 것을 보는 것입니다. 그것을 다윗은 다음과 같이 노래했습니다.

"하늘은 하나님의 영광을 드러내고, 창공은 그의 솜씨를 알려 준다. 낮은 낮에게 말씀을 전해 주고, 밤은 밤에게 지식을 알려 준다. 그 이야기 그 말소리, 비록 아무 소리가 들리지 않아도 그 소리 온 누리에 울려 퍼지고, 그 말씀 세상 끝까지 번져 간다."(시 19:1~4)

들리지 않는 소리를 듣고 보이지 않는 것을 보려면 그것을 사모해야 합니다. 지혜가 얼마나 귀중한지 알아보고 찾아야 합니다. 그럴수록 더 많이 듣고 더 선명하게 봅니다. 지혜 여인이 "나는, 나를 사랑하는 사람을 사랑하며, 나를 간절히 찾는 사람을 만나 준다"(17절)고 약속했기 때문입니다. 그래서 야고보 사도가 "하나님께로 가까이 가십시오. 그리하면 하나님께서 가까이 오실 것입니다"(약 4:8)라고 권면한 것입니다.

과학자들에 따르면, 우리는 온 우주가 돌아가는 거대한 굉음에 에워싸여 있다고 합니다. 24시간 동안 한순간도 쉬지 않고 굉음이 울리고 있습니다. 하지만 우리는 그 소리를 듣지 못합니다. 우리의 귀가 어느 정도 데시벨이 넘으면 그 소리를 듣지 못하게 창조되었기 때문입니다. 만일 그 소리에 노출되면 고막뿐 아니라 몸 전체가 파열될 것입니다. 그래서 우리는 그런 소리는 존재하지 않는다고 생각하며 살아갑니다.

임사 체험을 한 사람들의 증언을 들어보면 죽음의 경계선을 넘어간 순간, 온 우주를 채우고 있는 장엄한 음악 소리가 들렸다고 합니다. 그 소리는 존재의 깊은 곳에서 위로와 안식과 평안을 느끼게 해 주었다고 합니다.

우리가 사는 이 세상은 눈에 보이고 손에 만져지는 차원과 비교할 수 없는 신비롭고 경이로운 세계입니다. 믿음의 사람은 그런 세상을 인정하고 사모하며 날마다 추구합니다.

태초부터 계셨던
지혜

22 "주님께서 일을 시작하시던 그 태초에, 주님께서 모든 것을 지으시
기 전에, 이미 주님께서는 나를 데리고 계셨다. 23 영원 전, 아득한 그
옛날, 땅도 생기기 전에, 나는 이미 세움을 받았다. 24 아직 깊은 바다
가 생기기도 전에, 물이 가득한 샘이 생기기도 전에, 나는 이미 태어
났다. 25 아직 산의 기초가 생기기 전에, 언덕이 생기기 전에, 나는 이
미 태어났다. 26 주님께서 아직 땅도 들도 만들지 않으시고, 세상의
첫 흙덩이도 만들지 않으신 때이다. 27 주님께서 하늘을 제자리에 두
시며, 깊은 바다 둘레에 경계선을 그으실 때에도, 내가 거기에 있었
다. 28 주님께서 구름 떠도는 창공을 저 위 높이 달아매시고, 깊은 샘
물을 솟구치게 하셨을 때에, 29 바다의 경계를 정하시고, 물이 그분
의 명을 거스르지 못하게 하시고, 땅의 기초를 세우셨을 때에, 30 나
는 그분 곁에서 창조의 명공이 되어, 날마다 그분을 즐겁게 하여 드리
고, 나 또한 그분 앞에서 늘 기뻐하였다. 31 그분이 지으신 땅을 즐거
워하며, 그분이 지으신 사람들을 내 기쁨으로 삼았다. 32 그러므로 아
이들아, 이제 내 말을 들어라. 내 길을 따르는 사람이 복이 있다. 33 내
훈계를 들어서 지혜를 얻고, 그것을 무시하지 말아라. 34 날마다 나의
문을 지켜 보며, 내 문설주 곁에 지키고 서서, 내 말을 듣는 사람은 복
이 있다. 35 나를 얻는 사람은 생명을 얻고, 주님께로부터 은총을 받
을 것이다. 36 그러나 나를 놓치는 사람은 자기 생명을 해치는 사람이
며, 나를 미워하는 사람은 죽음을 사랑하는 사람이다."

4절부터 시작된 지혜 여인의 말이 계속 이어진다.

22~36절은 세 부분으로 나뉜다. 22~26절은 지혜가 태초부터 있었음을 말하고, 27~31절은 지혜가 하나님의 창조 사역에 참여했음을 밝힌다. 32~36절에서 지혜는 자신의 말을 따르면 생명의 길을 가게 된다고 말한다.

지혜 여인은 태초부터 하나님과 함께 있었다. 지혜 여인은 자신이 창조되지 않았음을 "이미 주님께서는 나를 데리고 계셨다"(22절), "나는 이미 세움을 받았다"(23절), "나는 이미 태어났다"(24, 25절)는 표현으로 거듭 강조한다. 지혜는 인격적인 존재로 창조된 것이 아니라 처음부터 하나님과 함께 계셨다. 이어서 지혜 여인은 하나님의 창조 사역에 함께 했다고 말한다(27~29절). 그는 자신을 "창조의 명공"(30절)이라고 부른다. 창조로 하나님을 기쁘시게 했다고 말한다. 하나님께서 창조한 모든 것을 보시고 "좋다, 참 좋다!"고 하셨음을 기억한다(창 1:31).

지혜를 사모하고 그의 말을 따라야 하는 이유가 여기에 있다. 지혜를 간절히 사모하며 늘 귀를 기울이는 사람은 복이 있다(32~34절). 지혜에 생명이 있기에, 지혜를 잃으면 곧 생명을 잃는 것이다. 지혜를 미워하는 것은 죽음을 사랑하는 것과 같다(35~36절).

22~31절은 요한복음 1장 1~5절의 말씀을 생각나게 합니다. 지혜(호크마)는 태초에 하나님과 함께 계셨고, 하나님이셨으며, 하나님의 창조 사역에 함께하신 그 '말씀'(로고스)의 다른 이름입니다.

그리스 철학에서 로고스는 우주의 운행과 인간사 저변에 흐르는 대원리를 가리킵니다. 자연 순환과 인간 존재의 현상을 관찰한 그리스의 지혜자들은 모든 존재의 배후에 있는 대원리(로고스)에 순응할 때 가장 복되고 아름다운 인생을 산다고 가르쳤습니다.

동양철학에서는 '도'라고 불렀습니다. "물고기가 물에서 생겨난 것처럼 인간은 도에서 생겨났다. 물고기가 물 안에 있을 때 가장 자유로운 것처럼, 인간은 도를 따를 때 가장 자유롭다"는 것이 도가의 가르침입니다. 세상사와 인간사의 통찰에 있어 히브리 지혜자들과 그리스 철학자들과 동양의 철학자들이 일치합니다.

성경은 그것을 하나님의 창조 원리라고 말합니다. 잠언의 '호크마'이며, 요한복음의 '로고스'입니다. 요한은 '그 말씀'이 육신이 되어 우리 가운데 거하셨다고 말합니다(요 1:14). 그분이 바로 예수 그리스도이십니다.

본문에서 지혜 여인은 자신에게 '생명'이 있으며 '진리'가 있다고 말합니다. 자신을 거부하면 죽음을 택하는 것이라고 말합니다. 이 말들은 예수님의 말씀을 생각나게 합니다. 그분은 "나는 길이요, 진리요, 생명이다. 나를 거치지 않고서는, 아무도 아버지께로 갈 사람이 없다"(요 14:6)고 하셨습니다. 예수님은 지혜를 가르친 위대한 선생님이 아닙니다. 지혜 자체요, 진리 자체이십니다. 그분 안에 있으면 진리 안에, 생명 안에 있는 것입니다.

우리의 믿음이 우선 예수 그리스도와의 인격적인 합일에 있어야 하는 이유가 여기에 있습니다. 우리는 그분이 남기신 말씀으로 지혜를 배웁니다. 하지만 그보다 더 중요한 것은 "내가 그분 안에, 그분이 내 안에 거하는" 것입니다. 그와 같은 인격적인 사귐으로 그분의 지혜가 흘러들어오고, 그분에게서 성육된 지혜가 나를 성육하게 해야 합니다. 지혜를 배우고 실천하기를 바라기보다 지혜이신 존재와 하나 되어 지혜의 사람으로 변화하기를 소망해야 합니다.

어떤 일을 행하기 전에 '주님의 뜻이 무엇일까?' 생각하는 것은 믿음의 초보 단계입니다. 우리가 궁극적으로 바랄 것은 무심코 생각나는 대로, 끌리는 대로 말하고 행동해도 주님의 뜻과 일치하는 것입니다. 이것이 날마다 주님 앞에 무릎 꿇고 그분의 말씀을 묵상하는 이유입니다.

왕비와
음녀

잠언 9장

1 지혜가 일곱 기둥을 깎아 세워서 제 집을 짓고, 2 짐승을 잡고, 포도
주를 잘 빚어서, 잔칫상을 차린 다음에, 3 시녀들을 보내어, 성읍 높은
곳에서 외치게 하였다. 4 "어수룩한 사람은 누구나 이리로 발길을 돌
려라." 지각이 모자라는 사람도 초청하라고 하였다. 5 "와서 내가 차
린 음식을 먹고, 내가 잘 빚은 포도주를 마셔라. 6 어수룩한 길을 내버
리고, 생명을 얻어라. 명철의 길을 따라가거라" 하였다. 7 거만한 사람
을 훈계하면 수치를 당할 수 있고, 사악한 사람을 책망하면 비난을 받
을 수 있다. 8 거만한 사람을 책망하지 말아라. 그가 너를 미워할까 두
렵다. 지혜로운 사람은 꾸짖어라. 그가 너를 사랑할 것이다. 9 지혜로
운 사람은 훈계를 할수록 더욱 지혜로워지고 의로운 사람은 가르칠
수록 학식이 더할 것이다. 10 주님을 경외하는 것이 지혜의 근본이요,
거룩하신 이를 아는 것이 슬기의 근본이다. 11 나 지혜로 말미암아 네
가 오래 살 것이요, 네 수명도 길어질 것이다. 12 네가 지혜로우면 그
지혜가 네게 유익하지만, 네가 거만하면 그 거만이 너만 해롭게 할 것
이다. 13 어리석은 여자는 수다스럽다. 지각이 없으니, 아는 것이 아
무것도 없다. 14 그러한 여자는 자기 집 문 앞에 앉거나, 마을 높은 곳
에 앉아서, 15 제 갈길만 바쁘게 가는 사람에게 16 "어수룩한 사람은
누구나 이리로 발길을 돌려라" 하고 소리친다. 지각이 모자라는 사람
에게도 이르기를 17 "훔쳐서 마시는 물이 더 달고, 몰래 먹는 빵이 더
맛있다" 하고 말한다. 18 그런데도 어리석은 사람은, 죽음의 그늘이
바로 그 곳에 드리워져 있다는 것을 모른다. 그 여자를 찾아온 사람마
다 이미 스올의 깊은 곳에 가 있다는 것을, 그 어리석은 사람은 알지
못한다.

1~6절은 지혜의 초청을 전한다. 지혜는 궁궐을 잘 짓고 좋은 음식을 장만한 후에 시녀들을 보내어 사람들을 초청하는 왕비와 같다. 왕궁에서 차린 음식을 먹으면 큰 즐거움과 함께 힘을 얻는 것처럼, 지혜와 더불어 살면 명철의 길을 걷고 생명을 얻는다.

7~9절에서는 지혜로운 사람과 어리석은 사람을 대비시킨다. 지혜로운 사람은 훈계를 달게 받고, 어리석은 사람은 훈계를 거부할 뿐 아니라 훈계한 사람을 미워한다. 그래서 지혜로운 사람은 더 지혜로워지고, 어리석은 사람은 더 어리석어진다.

10~12절은 주님을 경외함이 지혜의 근본이며, 지혜를 따름이 복된 길이라고 말한다.

13~18절은 어리석은 여인에 관해 말한다. 앞에서 지혜를 왕비에 비유한 것처럼, 어리석음을 음행하는 여인에 비유한다. 이 여인은 아는 것이 없으면서도 말이 많고, 달콤한 말로 사람들을 유혹한다. 사람들은 그 부정한 쾌락에 함정이 숨겨져 있음을 짐작하면서도 여인의 집을 찾는다. 그처럼 지혜를 외면하면 파멸의 결과를 맞는다. 지혜는 정숙한 여인처럼 손님들에게 기쁨과 생명을 안겨 주지만, 어리석음은 손님들을 쾌락으로 끌어들여 멸망에 이르게 한다.

왕비가 좋은 음식을 차려 놓고 부르는데 사람들은 별 관심이 없습니다. 반면 음란한 여인에게는 자기 발로 찾아가 유혹해 주기를 바랍니다. 이처럼 사람들은 지혜에 별 관심이 없습니다. 부담스러워하고 그것이 자신을 불편하고 불행하게 만든다고 생각합니다. 반면 어리석고 악한 일에는 곁눈질을 하며 침까지 흘립니다. 자신을 유혹해 주기를 바랍니다.

왜 우리의 본성은 바르고 선하고 아름다운 것에는 관심이 없고, 거짓되고 악하고 추한 것에 흥미를 보일까요?

그것은 우리 존재가 죄성에 속속들이 전염돼 있다는 증거입니다. 욕망은 중립적이지 않습니다. 그냥 두면 어리석은 길로 자연스레 기웁니다. 그 길 끝에는 파멸이 기다리고 있습니다. 따라서 생명의 길을 걷기 원한다면 욕망의 움직임을 잘 관찰해야 합니다. 거짓되고 악하고 추한 것들의 유혹은 거부하면서 진실하고 선하고 아름다운 것을 추구해야 합니다.

바울 사도는 "형제자매 여러분, 무엇이든지 참된 것과, 무엇이든지 경건한 것과, 무엇이든지 옳은 것과, 무엇이든지 순결한 것과, 무엇이든 사랑스러운 것과, 무엇이든지 명예로운 것과, 또 덕이 되고 칭찬한 만한 것이면, 이 모든 것을 생각하십시오"(빌 4:8)라고 했습니다. 여기서 "생각하십시오"

에 사용된 헬라어는 '마음에 품다'라는 의미이고 현재 시제로 쓰였습니다. 이런 것들을 늘 마음에 두고 살라는 뜻입니다. 이 말씀대로 하면 그 사람은 언제 어디서나 궁궐에 사는 것과 다름이 없습니다.

입과 말의 지혜

잠언 10장

1 이것은 솔로몬의 잠언이다. 지혜로운 아들은 아버지를 기쁘게 하
지만, 미련한 아들은 어머니의 근심거리이다. 2 부정하게 모은 재물
은 쓸모가 없지만, 의리는 죽을 사람도 건져낸다. 3 주님은 의로운 생
명은 주리지 않게 하시지만, 악인의 탐욕은 물리치신다. 4 손이 게으
른 사람은 가난하게 되고 손이 부지런한 사람은 부유하게 된다. 5 곡
식이 익었을 때에 거두어들이는 아들은 지혜가 있는 아들이지만, 추
수 때에 잠만 자고 있으면, 부끄러운 아들이다. 6 의인은 머리에 복을
이고 있으나, 악인은 입에 독을 머금고 있다. 7 의인은 칭찬을 받으며
기억되지만, 악인은 그 이름마저 기억에서 사라진다. 8 마음이 지혜
로운 사람은 명령을 받아들이지만, 입을 어리석게 놀리는 사람은 멸
망한다. 9 흠 없이 살면 앞길이 평안하지만, 그릇되게 살면 마침내 드
러나게 된다. 10 눈을 흘기면 고난이 생기고, 입을 어리석게 놀리는
사람은 멸망한다. 11 의인의 입은 생명의 샘이지만, 악인의 입은 독을
머금고 있다. 12 미움은 다툼을 일으키지만, 사랑은 모든 허물을 덮어
준다. 13 명철한 사람의 입술에는 지혜가 있지만, 지혜가 없는 사람
의 등에는 매가 떨어진다. 14 지혜로운 사람은 지식을 간직하지만, 미
련한 사람의 입은 멸망을 재촉한다. 15 부자의 재산은 그의 견고한 성
이 되지만, 가난한 사람의 빈곤은 그를 망하게 한다. 16 의인의 수고
는 생명에 이르고, 악인의 소득은 죄에 이른다. 17 훈계를 지키는 사

람은 생명의 길에 이르지만, 책망을 저버리는 사람은 잘못된 길로 들
어선다. 18 미움을 감추는 사람은 거짓말 하는 사람이요, 남을 중상하
는 사람은 미련한 사람이다. 19 말이 많으면 허물을 면하기 어려우나,
입을 조심하는 사람은 지혜가 있다. 20 의인의 혀는 순수한 은과 같지
만, 악인의 마음은 아무 가치가 없다. 21 의인의 입술은 많은 사람을
먹여 살리지만, 어리석은 사람은 생각 없이 살다가 죽는다. 22 주님께
서 복을 주셔서 부유하게 되는 것인데, 절대로 근심을 곁들여 주시지
않는다. 23 미련한 사람은 나쁜 일을 저지르는 데서 낙을 누리지만,
명철한 사람은 지혜에서 낙을 누린다. 24 악인에게는 두려워하는 일
이 닥쳐오지만, 의인에게는 바라는 일이 이루어진다. 25 회오리바람
이 지나가면, 악인은 없어져도, 의인은 영원한 기초처럼 꼼짝하지 않
는다. 26 게으른 사람은 부리는 사람에게, 이에 초 같고, 눈에 연기 같
다. 27 주님을 경외하면 장수를 누리지만, 악인의 수명은 짧아진다. 28
의인의 희망은 기쁨을 거두지만, 악인의 희망은 끊어진다. 29 주님의
도가 정직한 사람에게는 힘이 되지만, 악행을 하는 사람에게는 멸망
이 된다. 30 의인은 영원히 흔들리지 않지만, 악인은 땅에서 배겨내지
못한다. 31 의인의 입에서는 지혜가 나오지만, 거짓말하는 혀는 잘릴
것이다. 32 의인의 입술은 남을 기쁘게 하는 말이 무엇인지 알지만,
악인의 입은 거짓을 말할 뿐이다.

10장부터 22장 16절까지는 솔로몬의 잠언을 기록하고 있다.

이 장부터는 지혜의 말들을 특별한 주제나 틀 없이 나열하고 있다. 학자들이 저변에 흐르는 주제나 구조가 있는지 찾았지만, 아직 뚜렷한 것을 발견하지 못했다. 그래서 장마다 구분되는 특징이 없다. 솔로몬에게서 시작되어 형성된 지혜의 말들이 모여 있다고 보면 된다.

학자들은 10~15장의 내용과 16장 이후의 내용에서 차이점을 발견했다. 전반부는 반의적 병행법으로 여러 주제의 격언들이 수집된 반면, 후반부는 왕실에서 형성된 격언들이 중심이다.

10장에서는 다양한 주제의 잠언들을 나열하고 있다. 거의 모든 문장이 지혜와 어리석음, 의인과 악인, 미덕과 부덕을 대조하며 보여 준다. 10장 전체를 꿰뚫는 큰 주제는 없지만, 몇 가지 주제가 반복되고 있다. 이러한 '반복법'은 어떤 주제를 강조할 때 사용하는 수사법이다.

이 장은 첫째로 인간사의 배경에는 하나님의 다스림이 있다는 사실을 거듭 강조한다(3, 22, 27절). 지혜를 따르면 복을 누리고 어리석음에 머무르면 불행한 이유는, 하나님께서 지혜를 따라 세상을 지으셨고 지금도 지혜로 다스리고 계시기 때문이다. 한때 이신론자들(Deists)은 창조자가 우주에는 자연법칙을 부여하고 인간에게는 이성을 부여해 스스로 알아서 살게 한 뒤 손을 떼셨다고 생각했다. 하지만 하나님은 우주 운행과 인간의 역사 속에서 일하시며 창조 원리를 작동하고 계신다.

둘째로 바른 언어생활을 두드러지게 강조한다. 입, 입술, 혀, 말이라는 단어가 쏟아져 나온다(6, 8, 10, 11, 13, 14, 18, 19, 20, 21, 31, 32절). 언제 말하고 언제 침묵해야 하는지, 말한다면 어떻게 말해야 하는지를 아는 사람이 지혜자다. 어리석음은 마음에 있는 말을 절제 없이 내뱉으며 이웃을 해치는 말을 거침없이 하도록 만든다. 반면 지혜로운 사람은 꼭 필요한 때에, 꼭 필요한 말을 한다. 그래서 의인의 입술은 많은 사람을 살리고, 어리석은 사람의 입은 사람들을 다치게 한다.

동서양의 모든 종교와 철학은 언어생활을 매우 중요하게 여깁니다. 그 이유는 어떤 말을 하느냐에 따라 사람이 그것에 지배당하기 때문입니다. 생각을 말로 표현하면 그 생각이 강화되고, 자제하면 그 생각이 약해집니다. 마음속에서 악한 생각이 날 때 욕설을 섞어 표현하면 그 악한 생각이 강해집니다. 분노가 속에서 들끓을 때 말로 표현하면 분노가 더 강렬해집니다. 마찬가지로 감사의 마음이 들 때 말로 표현하면 감사의 심정이 더 커집니다.

이처럼 입에 올리는 말이 우리의 생각과 감정을 지배합니다. 나아가 생각과 감정이 행동을 지배하고, 그 행동이 결국 인생을 결정합니다.

언어생활이 중요한 또 다른 이유는, 내 입에서 나온 말이 듣는 사람을 죽일 수도 있고 살릴 수도 있기 때문입니다. 칼로 낸 상처는 며칠 만에 아물고 아픔 또한 곧 잦아듭니다. 하지만 말로 낸 상처는 두고두고 피를 흘리게 합니다. 반대로 진심을 담아 건넨 말 한마디는 어둠 속에 있는 사람에게 빛이 됩니다. 죽음의 경계선에 가 닿은 사람을 살립니다.

이런 까닭에 지혜를 따르기 소망한다면 말을 조심해야 합니다. 그래서 다윗은 "주님, 내 입술 언저리에 파수꾼을 세우시고, 내 입 앞에는 문지기를 세워 주십시오"(시 141:3)라고 기도했고, 속에서 분노가 들끓을 때는 "나의 길을 내가 지켜서, 내 혀로는 죄를 짓지 말아야지. 악한 자가 내 앞에 있는 동안에는, 나의 입에 재갈을 물려야지"(시 39:1) 하고 다짐했습니다. 야고보 사도도 "혀는 불이요, 혀는 불의의 세계입니다"(약 3:6)라고 했습니다.

지혜를 찾는 이들은 말수를 줄여야 합니다. 말하기 전에 적어도 세 번은 생각해야 합니다.

첫 번째는 '이 말은 참말인가?'를 생각하고, 두 번째는 '이 말은 나에게 혹은 상대방에게 필요한가?'를 생각하고, 세 번째는 '이 말은 친절한가?'를 생각해야 합니다. 이렇게 할 때 바울 사도가 말한 "사랑으로 진리를 말하고"(엡 4:15) 사는 거룩한 습관이 내 삶에 안착합니다.

바르고
의롭고
선하게

잠언 11장

1 속이는 저울은 주님께서 미워하셔도, 정확한 저울추는 주님께서 기
뻐하신다. 2 교만한 사람에게는 수치가 따르지만, 겸손한 사람에게는
지혜가 따른다. 3 정직한 사람은 성실하게 살아, 바른길로 가지만, 사
기꾼은 속임수를 쓰다가 제 꾀에 빠져 멸망한다. 4 재물은 진노의 날
에 쓸모가 없지만, 의리는 죽을 사람도 건져낸다. 5 흠 없는 사람은 그
의 옳은 행실로 그가 사는 길을 곧게 하지만, 악한 사람은 자신의 악
때문에 쓰러진다. 6 정직한 사람의 옳은 행실은 그를 구원하지만, 반
역하는 사람은 제 욕심에 걸려 넘어진다. 7 악인은 죽을 때에 그들의
희망도 함께 끊어지고, 불의에 걸었던 기대도 물거품이 된다. 8 의인
은 재난에 빠져도 구원을 받지만, 악인은 오히려 재난 속으로 빠져들
어간다. 9 하나님을 경외하지 않는 사람은 입으로 이웃을 망하게 하
지만, 의인은 지식으로 구원을 얻는다. 10 의인이 잘되면 마을이 기
뻐하고, 악인이 망하면 마을이 환호한다. 11 정직한 사람이 축복하면
마을이 흥하고, 악한 사람이 입을 열면 마을이 망한다. 12 지혜가 없
는 사람은 이웃을 비웃지만, 명철한 사람은 침묵을 지킨다. 13 험담하
며 돌아다니는 사람은 남의 비밀을 새게 하지만, 마음이 믿음직한 사
람은 비밀을 지킨다. 14 지도자가 없으면 백성이 망하지만, 참모가 많
으면 평안을 누린다. 15 모르는 사람의 보증을 서면 고통을 당하지만,
보증 서기를 거절하면 안전하다. 16 덕이 있는 여자는 존경을 받고,
부지런한 남자는 재물을 얻는다. 17 인자한 사람은 자기의 생명을 이

롭게 하고, 잔인한 사람은 자기의 몸을 해친다. 18 악인에게 돌아오는
삯은 헛것이지만, 정의를 심는 사람은 참 보상을 받는다. 19 정의에
굳게 서는 사람은 생명에 이르지만, 악을 따르는 사람은 죽음에 이른
다. 20 주님은 마음이 비뚤어진 사람은 미워하시지만, 올바른 길을 걷
는 사람은 기뻐하신다. 21 악인은 틀림없이 벌을 받지만, 의인의 자손
은 반드시 구원을 받는다. 22 아름다운 여인이 삼가지 아니하는 것은
돼지코에 금고리 격이다. 23 의인이 바라는 것은 좋은 일뿐이지만, 악
인이 기대할 것은 진노뿐이다. 24 남에게 나누어 주는데도 더욱 부유
해지는 사람이 있는가 하면, 마땅히 쓸 것까지 아끼는데도 가난해지
는 사람이 있다. 25 남에게 베풀기를 좋아하는 사람이 부유해지고, 남
에게 마실 물을 주면, 자신도 갈증을 면한다. 26 곡식을 저장하여 두
기만 하는 사람은 백성에게 저주를 받고, 그것을 내어 파는 사람에게
는 복이 돌아온다. 27 좋은 일을 애써 찾으면 은총을 받지만, 나쁜 일
을 애써 추구하면 나쁜 것을 되받는다. 28 자기의 재산만을 믿는 사람
은 넘어지지만, 의인은 푸른 나뭇잎처럼 번성한다. 29 자기 집을 해치
는 사람은 바람만 물려받을 것이요, 어리석은 사람은 마음이 지혜로
운 사람의 종이 될 것이다. 30 의인이 받는 열매는 생명의 나무요, 폭
력을 쓰는 사람은 생명을 잃는다. 31 의인이 이 땅에서 한 대로 보상
을 받는데, 악인과 죄인이 그 값을 치르지 않겠는가?

11장에도 여러 주제의 잠언들을 기록하고 있다. 그중에 경제 정의와 관련한 말씀이 돋보인다.

먼저 돈 버는 과정이 정의로워야 한다고 강조한다. "속이는 저울은 주님께서 미워하셔도, 정확한 저울추는 주님께서 기뻐하신다"(1절)는 말은 돈 버는 과정도 하나님이 관심하신다는 뜻이다. "속이는 저울"은 부정한 거래로 이익을 취하는 행위를 의미한다. 조급한 사람들은 '속임수'를 쓰지만, 지혜로운 사람들은 '정직하고 성실하게' 살기를 힘쓴다(3절). 의로운 사람은 하나님을 의지하며 정직하게 부지런히 일하여 부를 이룬다(16절).

경제 정의를 위해 힘쓰는 이유는 자신뿐 아니라 이웃과 공동체를 위하는 일이기 때문이다. 불의를 일삼는 사람들은 이웃을 해치고 공동체를 무너뜨린다(9~10절). 하나님을 경외하며 의롭게 살기를 힘쓰는 사람이 많아지면 마을이 흥하고, 불의가 심하면 마을이 망한다(11절).

돈 버는 과정만큼 돈 쓰는 방법도 중요하다. 정직하게 돈을 모았다면 베풀기에 힘써야 한다. 그러할 때 하나님께서 더 넉넉하게 하신다(24~26절). 땀 흘려 번 돈으로 어려운 사람들을 돕는 행동은 곧 물질보다 하나님을 더 의지한다는 뜻이다(28절). 주님은 "올바른 길을 걷는 사람"(20절)을 기뻐하시기 때문이다. 그래서 "의인이 잘되면 마을이 기뻐하고, 악인이 망하면 마을이 환호한다"(10절)고 말한다.

『돈은 중요하다』는 제목의 책이 있습니다. 얼핏 보면 어떻게 해서든 돈을 벌라는 내용처럼 보입니다. 그러나 저자는 돈은 영적으로 매우 위험하다는 의미에서 이런 제목을 달았습니다. 예수께서 "아무도 두 주인을 섬기지 못한다. 한쪽을 미워하고 다른 쪽을 사랑하거나, 한쪽을 중히 여기고 다른 쪽을 업신여길 것이다. 너희는 하나님과 재물을 아울러 섬길 수 없다"(마 6:24)고 말씀하신 것과 같은 맥락입니다. 돈이 위험한 이유는 우리의 타락한 욕망 때문입니다. 아차 하는 순간, 돈을 신으로 삼기 때문입니다.

자본주의 사회에서 돈은 엄청난 힘을 가집니다. 모든 일을 돈으로 해결할 수 없지만, 돈으로 못할 일이 그리 많지 않은 것도 사실입니다. 그래서 "뭐니 뭐니 해도 머니가 제일이다!" 하며 돈을 벌기 위해 노력합니다. 그렇게 하다 보면 더 빨리, 더 많이 벌기 위해 부정한 방법을 사용하고 싶은 유혹에 끌립니다.

믿는 이들도 그럴듯한 핑계를 대며 그 유혹을 따라갑니

다. 이는 하나님의 뜻을 거스르는 일이며, 심할 경우 돈을 우상으로 섬기는 결과에 이릅니다.

수단과 방법을 가리지 않고 돈을 버는 행위만큼이나 번 돈을 자신과 가족만을 위해 사용하는 일도 하나님의 뜻을 거스릅니다. 돈을 많이 벌었다면 하나님께서 자신을 믿고 그 돈을 맡겨 주셨다고 믿어야 합니다. 그렇게 믿으면 넉넉하게 베풀 수 있습니다. 그럴 때 하나님께서 기뻐하시고 이웃은 그로 인해 복을 누립니다.

10절 말씀이 마음을 울립니다. "내 이웃은 내가 잘되는 것을 보고 기뻐할까?", "내가 불행을 당할 때 이웃은 환호하지 않을까?" 이 질문이 정신을 번쩍 들게 합니다. 더욱 정신을 차리고 바르고 의롭고 선하게 살아야겠습니다.

지혜의
육화

잠언 12장

1 훈계받기를 좋아하는 사람은 지식을 사랑하지만, 책망받기를 싫어
하는 사람은 짐승같이 우둔하다. 2 선한 사람은 주님으로부터 은총을
받지만, 악을 꾀하는 사람은 정죄를 받는다. 3 사람은 악행으로 터를
굳게 세울 수 없지만, 의인의 뿌리는 흔들리지 않는다. 4 어진 아내는
남편의 면류관이지만, 욕을 끼치는 아내는 남편의 뼛속을 썩게 한다.
5 의인의 생각은 곧지만, 악인의 궁리는 속임수뿐이다. 6 악인이 하는
말은 피 흘릴 음모뿐이지만, 정직한 사람의 말은 사람을 구하여 낸다.
7 악인은 쓰러져서 사라지지만, 의인의 집은 든든히 서 있다. 8 사람
은 그 지혜대로 칭찬을 받지만 마음이 비뚤어진 사람은 멸시를 받는
다. 9 업신여김을 받더라도 종을 부리는 사람은, 스스로 높은 체하면
서 먹을 빵이 없는 사람보다 낫다. 10 의인은 집짐승의 생명도 돌보아
주지만, 악인은 자비를 베푼다고 하여도 잔인하다. 11 밭을 가는 사람
은 먹을 것이 넉넉하지만, 헛된 것을 꿈꾸는 사람은 지각이 없다. 12
악인은 불의한 이익을 탐하지만, 의인은 그 뿌리로 말미암아 열매를
맺는다. 13 악인은 입술을 잘못 놀려 덫에 걸리지만, 의인은 재난에서
벗어난다. 14 사람은 열매 맺는 말을 하여 좋은 것을 넉넉하게 얻으
며, 자기가 손수 일한 만큼 되돌려 받는다. 15 어리석은 사람은 자신

의 행실만이 옳다고 여기지만, 지혜로운 사람은 충고에 귀를 기울인
다. 16 미련한 사람은 쉽게 화를 내지만, 슬기로운 사람은 모욕을 참
는다. 17 진실을 말하는 사람은 정직한 증거를 보이지만, 거짓 증인은
속임수만 쓴다. 18 함부로 말하는 사람의 말은 비수 같아도, 지혜로운
사람의 말은 아픈 곳을 낫게 하는 약이다. 19 진실한 말은 영원히 남
지만, 거짓말은 한순간만 통할 뿐이다. 20 악을 꾀하는 사람의 마음에
는 속임수가 들어 있지만, 평화를 꾀하는 사람에게는 기쁨이 있다. 21
의인은 아무런 해도 입지 않지만, 악인은 재난에 파묻혀 산다. 22 주
님은 거짓말을 하는 입술은 미워하시지만, 진실하게 사는 사람은 기
뻐하신다. 23 슬기로운 사람은 지식을 감추어 두어도, 미련한 사람의
마음은 어리석음을 전파한다. 24 부지런한 사람의 손은 남을 다스리
지만, 게으른 사람은 남의 부림을 받는다. 25 마음에 근심이 있으면
번민이 일지만, 좋은 말 한 마디로도 사람을 기쁘게 할 수 있다. 26 의
인은 이웃에게 바른길을 보여 주지만, 악인은 이웃을 나쁜 길로 빠져
들게 한다. 27 게으른 사람은 사냥한 것도 불에 구우려 하지 않지만,
부지런한 사람은 귀한 재물을 얻는다. 28 의로운 사람의 길에는 생명
이 있지만, 미련한 사람의 길은 죽음으로 이끈다.

12장에서도 지혜로운 사람과 어리석은 사람을 대비시키는 경구가 이어진다.

지혜로운 사람은 "선한 사람", "의인", "정직한 사람", "슬기로운 사람", "진실을 말하는 사람", "부지런한 사람" 등으로 설명한다(2, 5, 6, 16, 17, 24, 27절). 반면 어리석은 사람은 "악을 꾀하는 사람", "악인", "미련한 사람", "거짓 증인", "게으른 사람" 등으로 표현한다(2, 5, 16, 17, 24, 27절).

그 둘은 하나님을 향한 태도, 내면에 품는 뜻, 이웃을 대하는 태도와 행동 등에서 극명한 차이가 있다. 그 차이는 그들의 운명을 가른다. 지혜를 따르는 삶은 생명에 이르고, 어리석은 사람은 멸망에 이른다(28절).

지혜는 지적 만족을 위한 것이 아니기에 일상생활에서 구체적으로 드러난다. 그 중에서 잠언은 지혜가 구체적으로 드러나는 영역인 언어생활과 부지런함을 자주 언급하며 가장 중요하게 다룬다.

이 장에서도 언어생활에서의 "정직"과 "진실"을 강조한다(6, 17, 19, 22절). 조급한 사람들은 거짓말과 속임수에 이끌린다. 하지만 결국 열매를 거두는 사람은 진실하고 정직한 사람이다(14절). 또한 지혜를 따르는 사람은 성실하고 부지런하게 일한다(11, 14, 24, 27절). 놀고 먹으려 하거나 다른 사람에게 의존해 살려는 사람은 불행을 당하고 다른 이들에게 짐이 된다.

우리는 예수님을 "성육하신 말씀"(육화, incarnation, 요 1:14)이라고 부릅니다. 하나님의 말씀(지혜, 진리)이 몸을 입고 우리 가운데 사셨다는 뜻입니다. 예수님의 생각과 감정과 행동에 하나님의 지혜가 온전히 드러났다는 뜻입니다. 예수님 안에서 하나님의 말씀이 호흡하고 걸어 다니고 말씀하시고 행동하셨습니다. 지금 우리가 잠언에서 읽고 있는 지혜와 진리가 예수님의 삶 속에서 구체적인 모습으로 드러났습니다.

잠언의 말씀을 천천히 소리 내어 읽다 보면 고개가 절로 끄덕여집니다. 옳은 말씀이 가득합니다. 하지만 "옳다, 옳다, 다 옳다!"는 감탄으로 끝나면 소용이 없습니다. 읽고 묵상한 말씀을 생각과 말과 행실로 실천해야 합니다. 묵상한 진리가 삶 속에서 육화되어야 합니다. 말에서 육화되고, 일하는 방법에서도 육화되어야 합니다.

진실한 말, 유익한 말, 친절한 말이 지혜의 육화이고, 주어진 일에 성실하고 근면하게 임할 때 진리가 육화합니다. 이웃과의 관계에서도 지혜를 육화하고, 돈을 사용하는 방법에서도 그래야 합니다.

바울 사도는 믿는 이들이 "그리스도의 충만하심의 경지"(엡 4:13)에까지 자라가야 한다고 했습니다. 지혜를 백 퍼센트 육화하셨던 예수님처럼 우리도 말과 행실에서 지혜의 육화 정도가 점점 더 높아지도록 힘써야 합니다.

정의로운
세상을 향해

잠언 13장

1 지혜로운 아들딸들은 아버지의 가르침을 듣지만, 거만한 사람은 꾸
지람을 듣지 않는다. 2 선한 사람은 열매 맺는 말을 하여 좋은 것을 넉
넉하게 얻지만, 반역자는 폭행을 당할 뿐이다. 3 말을 조심하는 사람
은 자신의 생명을 보존하지만, 입을 함부로 여는 사람은 자신을 파멸
시킨다. 4 게으른 사람은 아무리 바라는 것이 있어도 얻지 못하지만,
부지런한 사람의 마음은 바라는 것을 넉넉하게 얻는다. 5 의인은 거
짓말하기를 싫어하지만, 악인은 염치도 없이 수치스러운 일을 한다.
6 흠 없이 사는 사람의 의는 그의 길을 지켜 주지만, 죄인의 악은 그를
망하게 한다. 7 부자인 체하나 아무것도 없는 사람이 있는가 하면, 가
난한 체하나 많은 재물을 가진 사람이 있다. 8 부유한 사람은 재물로
자기 목숨을 속하기도 하지만, 가난한 사람은 협박을 받을 일이 없다.
9 의인의 빛은 밝게 빛나지만, 악인의 등불은 꺼져 버린다. 10 교만에
서는 다툼만 일어날 뿐이다. 지혜 있는 사람은 충고를 받아들인다. 11
쉽게 얻은 재산은 줄어드나, 손수 모은 재산은 늘어난다. 12 소망이
이루어지지 않으면 마음이 병들지만, 소원이 이루어지면 생명나무를
얻는다. 13 말씀을 멸시하는 사람은 스스로 망하지만, 계명을 두려워

하는 사람은 상을 받는다. 14 지혜 있는 사람의 가르침은 생명의 샘이
니, 죽음의 그물에서 벗어나게 한다. 15 선한 지혜는 은혜를 베푸나,
배신자의 길은 스스로 멸망하는 길이다. 16 영리한 사람은 잘 알고 행
동하지만, 미련한 사람은 어리석음만을 드러낸다. 17 못된 전령은 사
람을 재앙에 빠지게 하지만, 충직한 사신은 재앙을 물리치는 일을 한
다. 18 훈계를 저버리면 가난과 수치가 닥치지만, 꾸지람을 받아들이
면 존경을 받는다. 19 소원이 이루어지면 마음이 즐겁지만, 미련한 사
람은 악에서 떠나기를 싫어한다. 20 지혜로운 사람과 함께 다니면 지
혜를 얻지만, 미련한 사람과 사귀면 해를 입는다. 21 죄인에게는 재앙
이 따르지만, 의인에게는 좋은 보상이 따른다. 22 선한 사람의 유산은
자손 대대로 이어지지만, 죄인의 재산은 의인에게 주려고 쌓은 것이
다. 23 가난한 사람이 경작한 밭에서는 많은 소출이 날 수도 있으나,
불의가 판을 치면 그에게 돌아갈 몫이 없다. 24 매를 아끼는 것은 자
식을 사랑하지 않는 것이다. 자식을 사랑하는 사람은 훈계를 게을리
하지 않는다. 25 의인은 배불리 먹지만, 악인은 배를 주린다.

13장에서도 지혜로운 사람과 어리석은 사람의 모습을 대비한 잠언이 주를 이룬다. 이 장에서 자주 반복하는 주제는 경청하는 자세와 물질 문제다.

지혜로운 사람은 다른 사람의 조언과 충고에 귀를 기울이고, 어리석은 사람은 자기 고집대로 한다(1절). 충고는 기분을 상하게 한다. 훈계와 책망은 더욱 그렇다. 지혜 있는 사람은 그 모든 것을 달갑게 여기고 받아들인다(10, 18절). 어리석은 사람은 하나님의 말씀을 멸시하는데, 그것은 스스로 망하는 길이다(13절). 따라서 지혜로운 사람과 어울리면 큰 유익을 얻는다(20절).

또 다른 주제는 물질을 대하는 태도다. 지혜로운 사람은 가난한 현실을 부끄러워하거나 부유한 환경을 수치스럽게 여기지 않는다(7절). 하나님의 뜻을 따라 근면하게 일한 사람은 맡겨 주시는 대로 감사하게 받고 자족하기 때문이다. 지혜로운 사람은 불로소득을 반기지 않는다. 그것을 손에 쥐는 순간 모래처럼 빠져나가기 때문이다. 지혜로운 사람은 땀 흘려 얻는 소득을 기뻐한다(11절). 그런 사람의 재산은 대대손손 이어진다(22절). 성실하고 근면한 삶의 태도를 유산으로 물려받기 때문이다.

잠언에 수록된 지혜의 말씀들은 주로 개인 윤리를 다루는

데, 그런 점에서 23절은 예외다. 경제 정의가 바로 서야 한다는 점을 강조하기 때문이다. 경제 정의가 바로 선 사회에서는 각자가 노력한 만큼 보상을 받는다. 경제 정의가 깨지면 가난한 사람은 더 가난해지고 부자는 더 쉽게 부를 늘린다.

24절은 무지몽매한 사람들이 오용해 온 구절이다. 이 구절을 문자 그대로 받아들여 자녀에게 분노를 쏟는 도구로 사용했다. 이 구절을 동의적 병행법으로 표현했음에 주목해야 한다. "매를 아끼는 것은 자식을 사랑하지 않는 것이다"라는 문장과 "자식을 사랑하는 사람은 훈계를 게을리하지 않는다"는 문장은 짝을 이룬다. 따라서 매는 '훈계'에 대한 비유다. 이것을 문자 그대로 받아들여 자녀에게 매를 드는 것이 하나님의 뜻이라고 생각해서는 안 된다. 이 말씀은 "또 아버지 된 이 여러분, 여러분의 자녀를 노엽게 하지 말고, 주님의 훈련과 훈계로 기르십시오"(엡 6:4 ; 골 3:21)라는 말씀의 빛에서 읽어야 한다.

잠언 3장에서 지혜가 처세술과 다르다는 사실을 언급했습니다. 처세술은 자기중심적인 생존 전략을 말합니다. 세상이 어떻게 되든, 다른 사람들이 어떻게 되든 자신은 살아남고 번영하는 기민한 생존 전략을 가리킵니다. 반면 지혜는 나도 잘되고 다른 사람도 잘되는 길을 제시합니다.

잠언의 말씀들은 대부분 개인의 태도와 행동에 관해 말하고 있지만, 그것은 정의롭고 평화로운 세상을 지향합니다. 다수의 사람이 잠언의 지혜를 따라 산다면 그 사회에는 정의와 평화가 구석구석 깃들 것입니다. 따라서 사회의 경제 정의에 관한 23절 말씀은 돌출된 발언이 아니라 잠언 전체의 저변에 흐르는 정의로운 세상을 향한 열망의 표현이라 할 수 있습니다.

믿는 이들은 하나님의 마음으로 세상을 보아야 합니다. 관심사가 자신에 국한돼서는 안 됩니다. 내가 속해 있는 사회에 정의가 자리 잡도록 하는 일은 하나님을 믿는 사람이면 마땅히 해야 하는 사명입니다. 나 혼자만 잘되는 것은 가능하지 않습니다. 우리는 운명을 같이하는 존재들이기 때문입니다. 내가 지킨 정직과 진실과 정의가 이웃과 사회에 주는 최선의 섬김입니다. 그것이 하나님의 마음으로 세상을 살아가는 방법입니다.

처세술은 쉽습니다. 내 이익만 생각하면 되기 때문입니다. 반면 지혜의 길은 어렵습니다. 다른 사람들, 특히 사회적 약자들의 형편까지 살피고 돌보아야 하기 때문입니다. 내 몫의 일부가 다른 사람에게 돌아가도록 배려해야 하기 때문입니다.

부정과 불의가 판을 치는 세상에서 이렇게 살기란 매우 어렵습니다. 혼자만 바보 같다는 느낌을 자주 받습니다. 게다가 세상은 그렇게 사는 사람들을 존중하기보다 미워하고 배척합니다. 그런 사람들로 인해 자신들의 불의가 드러나기 때문입니다.

따라서 지혜의 길을 따르는 사람에게 가장 필요한 것은 모든 것을 바로 잡으시는 하나님께서 나를 지켜보고 다스리신다는 견고한 믿음입니다. 하나님께서 결국 모든 것을 바로 잡으신다는 믿음이 있어야 "의인은 배불리 먹지만, 악인은 배를 주린다"(25절)는 말씀에 동의할 수 있습니다.

예배와
삶의 일치

1 지혜로운 여자는 집을 세우지만, 어리석은 여자는 제 손으로 집을
무너뜨린다. 2 바른길을 걷는 사람은 주님을 경외하지만, 그릇된 길
을 걷는 사람은 주님을 경멸한다. 3 미련한 사람의 말은 교만하여 매
를 자청하지만, 지혜로운 사람의 말은 그를 지켜 준다. 4 소가 없으면
구유는 깨끗하지만, 소가 힘을 쓰면 소출이 많아진다. 5 진실한 증인
은 거짓말을 아니하여도, 거짓 증인은 거짓말을 뱉는다. 6 거만한 사
람은 지혜를 구해도 얻지 못하지만, 명철한 사람은 쉽게 지식을 얻는
다. 7 미련한 사람의 앞을 떠나라. 네가 그의 말에서 지식을 배우지 못
할 것이다. 8 슬기로운 사람의 지혜는 자기가 가는 길을 깨닫게 하지
만, 미련한 사람의 어리석음은 자기를 속인다. 9 어리석은 사람은 속
죄제사를 우습게 여기지만, 정직한 사람은 하나님의 은총을 누린다.
10 마음의 고통은 자기만 알고, 마음의 기쁨도 남이 나누어 가지지 못
한다. 11 악한 사람의 집은 망하고, 정직한 사람의 장막은 흥한다. 12
사람의 눈에는 바른길 같이 보이나, 마침내는 죽음에 이르는 길이 있
다. 13 웃어도 마음이 아플 때가 있고, 즐거워도 끝에 가서 슬플 때가
있다. 14 마음이 비뚤어진 사람은 자기가 한 만큼 보응을 받고, 선한
사람도 자기가 한 만큼 보응을 받는다. 15 어수룩한 사람은 모든 말을
다 믿지만, 슬기로운 사람은 행동을 삼간다.

이 본문은 '지혜의 근본은 하나님을 경외함'이라는 잠언의 대주제를 강조한다. 지혜를 따르며 바른길을 걷는 사람은 주님을 경외하는 사람이다.

9절은 히브리어 원문이 모호하다. 다수의 성경은 개역개정("미련한 자는 죄를 심상히 여겨도")처럼 '죄짓는 것'을 아무렇지 않게 여긴다는 뜻으로 번역한다. 새번역과 NRSV는 '속죄제사'를 우습게 여긴다고 번역했다. 번역은 달라도 그 의미는 다르지 않다.

시편과 잠언에서 "어리석은 사람"은 지식이나 지혜가 모자란 사람이 아니라 하나님을 경외하지 않는 사람을 말한다. 그런 사람들은 경외하지 않는 데서 한 걸음 더 나아가 하나님을 "경멸"(2절)한다. 주님을 경멸하니 지혜를 알지 못하고, 지혜를 알지 못하니 죄악을 일삼는다. 그들은 죄를 하찮게 여기고 속죄제사를 가볍게 여긴다.

반면 정직한 사람은 자신의 죄를 중하게 여기고 정성을 다해 속죄제사를 드린다. 바른길을 걷는 삶 자체가 주님을 경외한다는 증거다(2절).

9절을 "어리석은 사람은 죄를 우습게 여긴다"로 번역하거나 "어리석은 사람은 속죄제사를 우습게 여긴다"로 번역할 수 있다는 사실은 우리에게 생각할 거리를 줍니다.

하나님을 대하는 우리의 태도는 의와 죄, 선과 악, 거룩과 부정을 대하는 태도를 결정합니다. 의와 선과 거룩을 택하면 그는 하나님을 인정하고 경외하는 사람입니다. 반면 죄와 악과 부정을 택하는 사람은 하나님을 부정하고 경멸하는 자입니다. 하나님을 경외하는 사람은 죄에 예민하기에 제사에 정성을 다합니다. 반면 하나님을 경외하지 않는 사람은 죄에 무감각해 제사를 불필요하게 여깁니다.

이런 의미에서 예배와 삶은 긴밀히 연결돼 있습니다. 참된 예배는 신실하고 의롭고 거룩한 삶으로 이어집니다. 신실하고 의롭고 거룩하게 살려는 마음이 있으면 예배에 정성을 다합니다. 예배가 깊어지면 삶에 변화가 일어납니다. 정직하고 진실한 삶을 살 때 예배는 더욱 깊어집니다.

예배는 열심인데 삶에 변화가 없다면 그는 살아 계신 하나님을 섬기는 것이 아닙니다. 정기적으로 하나님을 예배하는 사람은 거짓과 불의와 부정에 둔감할 수 없습니다. 참된 예배가 우리의 영혼을 맑고 예민하게 만들기 때문입니다.

편 드시는
하나님

16 지혜 있는 사람은 두려워할 줄 알아서 악을 피하지만, 미련한 사
람은 자신만만 해서 조심할 줄을 모른다. 17 성을 잘 내는 사람은 어
리석은 일을 하고, 음모를 꾸미는 사람은 미움을 받는다. 18 어수룩
한 사람은 어수룩함을 유산으로 삼지만, 슬기로운 사람은 지식을 면
류관으로 삼는다. 19 악인은 선한 사람 앞에 엎드리고, 불의한 사람
은 의인의 문 앞에 엎드린다. 20 가난한 사람은 이웃에게도 미움을 받
지만, 부자에게는 많은 친구가 따른다. 21 이웃을 멸시하는 사람은 죄
를 짓는 사람이지만, 가난한 사람에게 은혜를 베푸는 사람은 복이 있
는 사람이다. 22 악을 꾀하는 사람은 길을 잘못 가는 것이나, 선을 계
획하는 사람은 인자와 진리를 얻는다. 23 모든 수고에는 이득이 있는
법이지만, 말이 많으면 가난해질 뿐이다. 24 지혜는 지혜 있는 사람의
면류관이지만 어리석음은 미련한 사람의 화환이다. 25 증인이 진실을
말하면 남의 생명을 건지지만, 증인이 위증을 하면 배신자가 된다. 26
주님을 경외하면 강한 믿음이 생기고, 그 자식들에게도 피난처가 생
긴다. 27 주님을 경외하는 것이 생명의 샘이니, 죽음의 그물에서 벗어
나게 한다. 28 백성이 많은 것은 왕의 영광이지만, 백성이 적은 것은
통치자의 몰락이다. 29 좀처럼 성을 내지 않는 사람은 매우 명철한 사
람이지만, 성미가 급한 사람은 어리석음만을 드러낸다. 30 마음이 평
안하면 몸에 생기가 도나, 질투를 하면 뼈까지 썩는다. 31 가난한 사
람을 억압하는 것은 그를 지으신 분을 모욕하는 것이지만, 궁핍한 사
람에게 은혜를 베푸는 것은 그를 지으신 분을 공경하는 것이다. 32 악
한 사람은 자기의 악행 때문에 넘어지지만, 의로운 사람은 죽음이 닥
쳐도 피할 길이 있다. 33 지혜는 명철한 사람의 마음에 머물고, 미련
한 사람 마음에는 알려지지 않는다. 34 정의는 나라를 높이지만, 죄는
민족을 욕되게 한다. 35 슬기로운 신하는 왕의 총애를 받지만, 수치스
러운 일을 하는 신하는 왕의 분노를 산다.

14장의 후반부에도 다양한 격언이 이어진다. 그 중에 몇 가지 두드러진 주제가 있다.

첫째는 조급함, 경솔함을 지적한 격언이다. 지혜 있는 사람은 매사에 신중하며, 어리석은 사람은 성급하고 경솔하다. 그것은 "자신만만해서"(16절, 개역개정 "방자하여")인데, 자신이 모든 것을 알고 있다는 생각이 가장 큰 어리석음이다. 그런 사람은 성미가 급해 일을 그르치곤 한다(17, 29절). 지혜를 따르는 사람들은 자신의 부족을 알기에 침착하고 신중하여 분별력이 있다.

둘째로 가난한 사람들을 어떻게 대해야 하는지 조언한다. 가난한 사람들은 아무런 잘못이 없는데 이웃에게 미움받고, 부자들은 이유 없이 칭송받는 것이 세상의 현실이다(20절). 가난하다는 이유로 이웃을 업신여기는 태도는 분명한 죄다. 지혜를 따르는 사람이라면 부자(사회적 강자)가 아닌 가난한 사람(사회적 약자)과 가까이하며 돌봐주어야 한다(21절). 약자들을 억압하는 행동은 그들을 지으신 하나님을 모욕하는 일이고, 은혜를 베풀면 그분을 높이는 일이다(31절). 이 말씀은 사회적 약자에게 행한 일이 곧 당신을 위한 일이라는 예수님의 비유(마 25:31~46)를 생각나게 한다.

셋째로 정치 권력의 바른 모습을 교훈한다. "백성이 많은 것"(28절)은 나라가 평안하고 번영한다는 의미다. 그것은 왕의 영광이다. 반면 "백성이 적은 것"은 정치 경제적으로 쇠락함을 뜻한다. 나라를 그렇게 만드는 지도자는 몰락의 길을 걷는다. 주님을 경외하는 지도자라면 중산층과 서민, 사회적 약자들을 섬겨야 한다(31절). 정치 지도자는 "정의는 나라를 높이지만, 죄는 민족을 욕되게 한다"(34절)는 신념을 가지고 정의와 공의로 국민을 섬겨야 한다. 그런 지도자에게는 슬기로운 사람들이 몰려든다(35절).

사회적 약자와 정치 권력의 격언이 함께 있는 것은 시사하는 바가 큽니다.

율법과 예언의 말씀에서 분명히 드러난 사실은 하나님은 사회적 약자들을 편드신다는 사실입니다. 물론 하나님은 모두를 공평하게 사랑하십니다. 모두를 사랑하시기에 현실 사회에서 가난한 사람, 병든 사람, 억압받는 사람, 낙오한 사람들의 편을 드십니다. 하나님은 모두가 자신의 몫을 누리며 살도록 창조하셨는데, 인간의 죄악이 누적되어 세상이 '기울어진 운동장'이 되어버렸기 때문입니다. 사회적 약자가 생기는 데에는 개인의 잘못보다 왜곡된 사회 제도와 구조의 잘못이 더 큽니다.

타락한 본성을 좇는 사람은 사회적 약자를 외면하거나 혐오하거나 억압하면서 강자들에게 줄을 대려 합니다. 부자들의 성공을 칭송하고 가난한 사람들의 게으름을 비난합니다. 그것은 분명 죄악의 현실을 은폐하는 범죄입니다.

하나님을 경외하고 지혜를 사랑하는 사람이라면 사회 약자들을 돌아보고 그들의 형편이 나아지도록 힘써야 합니다. 평범한 소시민으로서는 직업 현장 혹은 사회에서 활동 때 항상 약자들에게 시선을 향해야 합니다. 그런 태도로 살아가면 어떤 힘(정치 권력, 행정 권력, 돈의 힘, 유명세의 힘 등)이 생겼을 때 그것을 약자들을 위해 사용할 수 있습니다. 반면에 자신의 이익만을 도모하며 사는 사람에게 어떤 힘이 주어지는 것처럼 매우 위험한 일은 없습니다.

우리의 하나님은 편드시는 분입니다. 이러한 하나님의 마음을 품고서 열심히 편드는 삶을 사셨던 분이 바로 예수님입니다. 따라서 우리도 편드는 사람으로 살아야 합니다.

듣기와 말하기

잠언 15장

1 부드러운 대답은 분노를 가라앉히지만, 거친 말은 화를 돋운다. 2 지
혜로운 사람의 혀는 좋은 지식을 베풀지만, 미련한 사람의 입은 어리
석은 말만 쏟아낸다. 3 주님의 눈은 어느 곳에서든지, 악한 사람과 선
한 사람을 모두 지켜 보신다. 4 따뜻한 말은 생명나무와 같지만, 가시
돋힌 말은 마음을 상하게 한다. 5 어리석은 사람은 자기 아버지의 훈
계를 업신여기지만, 명철한 사람은 아버지의 책망을 간직한다. 6 의
인의 집에는 많은 재물이 쌓이나, 악인의 소득은 고통을 가져 온다. 7
지혜로운 사람의 입술은 지식을 전파하지만, 미련한 사람의 마음에
는 그러한 생각이 없다. 8 악한 사람의 제사는 주님께서 역겨워하시
지만, 정직한 사람의 기도는 주님께서 기뻐하신다. 9 악한 사람의 길
은 주님께서 싫어하시지만, 정의를 따르는 사람은 주님께서 사랑하
신다. 10 옳은길을 저버리는 사람은 엄한 징계를 받고, 책망을 싫어
하는 사람은 죽임을 당할 것이다. 11 '죽음'과 '파멸'도 주님 앞에서 드
러나거늘, 사람의 마음이야 더욱 그러하지 않겠는가! 12 거만한 사람
은 자기를 책망하는 사람을 좋아하지 않으며, 지혜 있는 사람을 찾아
가지도 않는다. 13 즐거운 마음은 얼굴을 밝게 하지만, 근심하는 마음
은 너를 상하게 한다. 14 명철한 사람의 마음은 지식을 찾지만, 미련
한 사람의 입은 어리석음을 즐긴다. 15 고난받는 사람에게는 모든 날
이 다 불행한 날이지만, 마음이 즐거운 사람에게는 모든 날이 잔칫날
이다. 16 재산이 적어도 주님을 경외하며 사는 것이, 재산이 많아서
다투며 사는 것보다 낫다. 17 서로 사랑하며 채소를 먹고 사는 것이,
서로 미워하며 기름진 쇠고기를 먹고 사는 것보다 낫다. 18 화를 쉽게

내는 사람은 다툼을 일으키지만, 성을 더디 내는 사람은 싸움을 그치
게 한다. 19 게으른 사람의 길은 가시덤불로 덮여 있는 것 같지만, 부
지런한 사람의 길은 확 트인 큰길과 같다. 20 지혜로운 아들은 아버지
를 기쁘게 하지만, 미련한 아들은 어머니를 업신여긴다. 21 생각이 모
자라는 사람은 미련함을 즐기지만, 명철한 사람은 길을 바로 걷는다.
22 의논 없이 세워진 계획은 실패하지만, 조언자들이 많으면 그 계획
이 이루어진다. 23 적절한 대답은 사람을 기쁘게 하니, 알맞은 말이
제때에 나오면 참 즐겁다. 24 슬기로운 사람이 걷는 생명의 길은 위쪽
으로 나 있어서, 아래로 난 스올 길을 벗어난다. 25 주님은 거만한 사
람의 집을 헐어 버리시지만, 과부가 사는 곳의 경계선은 튼튼히 세
워 주신다. 26 악한 사람의 꾀는 주님께서 역겨워하시지만, 친절한 사
람의 말은 정결한 제물처럼 받으신다. 27 불의한 이익을 탐내는 사람
은 자기 집에 해를 끼치지만, 뇌물을 거절하는 사람은 오래 산다. 28
의인의 마음은 대답할 말을 깊이 생각하지만, 악인의 입은 악한 말을
쏟아낸다. 29 주님은 악인을 멀리하시지만, 의인의 기도는 들어주신
다. 30 밝은 얼굴은 사람을 기쁘게 하고, 좋은 소식은 사람을 낫게 한
다. 31 목숨을 살리는 책망에 귀 기울이는 사람은 지혜로운 사람들 사
이에 자리를 잡는다. 32 훈계를 싫어하는 사람은 자기 생명을 가볍게
여기는 사람이지만, 책망을 잘 듣는 사람은 지식을 얻는 사람이다. 33
주님을 경외하라는 것은 지혜가 주는 훈계이다. 겸손하면 영광이 따
른다.

15장에는 '말하기'와 '말 듣기'에 관한 격언이 많이 나온다. 지혜를 따르는 사람은 하고자 하는 말을 깊이 생각한다(28절). 이는 진실을 말하고, 상황에 알맞는 말을 하며, 듣는 이에게 도움을 주기 위함이다(4, 7, 23, 26절).

하지만 진실을 말한다는 핑계로 비수 같은 말을 쏟아놓으면 그것은 아둔한 행동이다. 어리석은 사람은 분별없이 속에 있는 생각을 "가시돋힌 말"(4절, 개역개정 "패역한 혀")과 "악한 말"(28절)로 쏟아놓는다. 그런 말은 본색을 드러낼 뿐 아니라 듣는 이의 마음을 상하게 한다.

감정 상하는 말을 들었을 때, 특히 입과 혀를 조심해야 한다. 분노가 치밀어 오른다고 거친 말로 감정을 다 드러내면 부정적인 감정이 증폭한다. 그럴 때는 감정을 자제하면서 "부드러운 대답"(1절, 개역개정 "유순한 대답")으로 대응해야 한다.

"책망과 훈계"(5, 10, 12, 31절)는 자주 듣는 사람의 감정을 상하게 한다. 말하는 사람이 아무리 좋은 의도로 한다 해도, 허물을 지적받는 일은 기분 좋은 일이 아니다. 게다가 비판이나 비난하기 위해 그런 말을 내뱉으면 마음에 비수가 되어 꽂힌다.

지혜를 사모하는 사람은 그런 말을 들었을 때 감정을 자제하고 비판을 겸허하게 수용한다. 거기서 한 걸음 더 나아가 칭찬보다는 비판에 더 귀를 기울인다(22절). 책망과 훈계를 싫어하고 그런 말을 하는 사람을 멀리하는 것은 어리석음 중에 가장 큰 어리석음이다(10, 12절). 그것은 자기 생명을 가볍게 여기는 일(32절)로, 어리석음을 따르면 패망에 이르기 때문이다. 반면 지혜를 따르는 사람에게는 영광이 뒤따른다(33절).

야고보 사도는 혀를 "불"과 "불의의 세계"라고 했습니다. 그러면서 "혀는 우리 몸의 한 지체이지만, 온 몸을 더럽히며, 인생의 수레바퀴에 불을 지르고, 결국에는 혀도 게헨나의 불에 타버립니다"(약 3:6)라고 했습니다. 말에 담긴 파괴적인 힘을 경고한 것입니다.

야고보 사도는 말로 자신의 인생을 망치는 어리석음을 경고했습니다. 악한 말은 자신에게 해로울 뿐 아니라 듣는 이의 마음에 지울 수 없는 상처를 냅니다. 칼은 육신에 상처를 내지만, 혀는 마음에 상처를 냅니다. 육신의 상처는 적절한 치료로 회복할 수 있지만, 마음의 상처는 잘 낫지 않습니다. 날카로운 한마디가 깊은 우울의 늪으로 빠지게 합니다.

반면 적절한 말, 사랑이 담긴 말, 진정성 있는 말은 듣는 사람에게 생명을 불어넣습니다. 고난을 겪는 사람의 손을 잡으며 건넨 한마디가 지옥 같은 마음에 밝은 빛을 비추어 줍니다. 사랑이 담긴 말 한마디가 꽁꽁 얼어붙은 마음을 녹여 줍니다. "말 한마디로 천 냥 빚을 갚는다"는 속담이 그래서 나왔습니다. '삼사일언'이라는 사자성어도 있습니다. 말하기 전에 세 번 생각하면서 늘 신중하라는 뜻입니다. 평소에도 그래야 하지만, 예민한 상황에서는 더욱 그래야 합니다.

혀를 검처럼 휘두르는 사람을 지혜롭다고 평가하는 세태 속에 살고 있습니다. 거친 말, 야한 말, 험한 말을 할수록 주목받는 세상입니다. 이런 세상에서 이방인으로 살기를 소망합니다. 다윗처럼 "주님, 내 입술 언저리에 파수꾼을 세우시고, 내 입 앞에는 문지기를 세워 주십시오"(시 141:3)라고 기도하며 살기를 소망합니다.

믿음과
겸손

잠언 16장

1 계획은 사람이 세우지만, 결정은 주님께서 하신다. 2 사람의 행위는
자기 눈에는 모두 깨끗하게 보이나, 주님께서는 속마음을 꿰뚫어 보
신다. 3 네가 하는 일을 주님께 맡기면, 계획하는 일이 이루어질 것이
다. 4 주님께서는 모든 것을 그 쓰임에 알맞게 만드셨으니, 악인은 재
앙의 날에 쓰일 것이다. 5 주님께서는 마음이 거만한 모든 사람을 역
겨워하시니, 그들은 틀림없이 벌을 받을 것이다. 6 사람이 어질고 진
실하게 살면 죄를 용서받고, 주님을 경외하면 재앙을 피할 수 있다. 7
사람의 행실이 주님을 기쁘시게 하면, 그의 원수라도 그와 화목하게
하여 주신다. 8 의롭게 살며 적게 버는 것이, 불의하게 살며 많이 버는
것보다 낫다. 9 사람이 마음으로 자기의 앞길을 계획하지만, 그 발걸
음을 인도하시는 분은 주님이시다. 10 왕이 내리는 판결은 하나님의
판결이니, 판결할 때에 그릇된 판결을 내리지 않는다. 11 정확한 저울
과 천평은 주님의 것이며, 주머니 속의 저울추도 다 그분이 만드신 것
이다. 12 왕은 악행을 하는 것을 역겨워하여야 한다. 공의로만 왕위가
굳게 설 수 있기 때문이다. 13 왕은 공의로운 말을 하는 것을 기쁘게
여겨야 하고, 올바른 말하기를 좋아하여야 한다. 14 왕의 진노는 저승
사자와 같지만, 지혜로운 사람은 왕의 진노를 가라앉힌다. 15 왕의 얼
굴빛이 밝아야 모두 살 수 있다. 그의 기쁨은 봄비를 몰고 오는 구름
과 같다. 16 지혜를 얻는 것이 금을 얻는 것보다 낫고, 명철을 얻는 것
이 은을 얻는 것보다 낫다. 17 악을 떠나는 것은 정직한 사람이 가는

큰길이니, 그 길을 지키는 사람은 자기의 생명을 지킨다. 18 교만에는
멸망이 따르고, 거만에는 파멸이 따른다. 19 겸손한 사람과 어울려 마
음을 낮추는 것이, 거만한 사람과 어울려 전리품을 나누는 것보다 낫
다. 20 말씀에 따라 조심하며 사는 사람은 일이 잘되고, 주님을 믿는
사람은 행복하다. 21 마음이 지혜로운 사람을 명철하다 한다. 말이 부
드러우면, 더욱 많은 지혜를 가르친다. 22 명철한 사람에게는 그 명철
함이 생명의 샘이 되지만, 어리석은 사람에게는 그 어리석음이 벌이
된다. 23 마음이 지혜로운 사람은 말을 신중하게 하고, 하는 말에 설
득력이 있다. 24 선한 말은 꿀송이 같아서, 마음을 즐겁게 하여 주고,
쑤시는 뼈를 낫게 하여 준다. 25 사람의 눈에는 바른길 같이 보이나,
마침내는 죽음에 이르는 길이 있다. 26 허기진 배가 일하게 만들고 그
입이 사람을 몰아세운다. 27 불량한 사람은 악을 꾀한다. 그들의 말
은 맹렬한 불과 같다. 28 비뚤어진 말을 하는 사람은 다툼을 일으키
고, 중상하는 사람은 친한 벗들을 이간시킨다. 29 폭력을 쓰는 사람은
그 이웃을 윽박질러서, 좋지 않은 길을 가게 한다. 30 눈짓을 하는 사
람은 그릇된 일을 꾀하고, 음흉하게 웃는 사람은 악한 일을 저지른다.
31 백발은 영화로운 면류관이니, 의로운 길을 걸어야 그것을 얻는다.
32 노하기를 더디 하는 사람은 용사보다 낫고, 자기의 마음을 다스리
는 사람은 성을 점령한 사람보다 낫다. 33 제비는 사람이 뽑지만, 결
정은 주님께서 하신다.

16장부터 22장 16절까지는 왕실에서 형성된 잠언들이 많이 나온다. 10~15장에 수록된 잠언과 성격상 차이가 있다는 뜻이다.

16장에는 인간의 노력과 하나님의 통치 사이의 관계를 조명한 말씀이 자주 나온다. 모든 것이 사람 하기 나름인 것 같지만 보이지 않는 하나님의 손길이 있음을 기억해야 한다. 그것을 알고 그에 맞게 행동하는 것이 지혜의 근본이다. 인간은 최선을 다해 계획을 세우고 그것을 이루기 위해 힘써야 한다. 하지만 그것이 전부가 아니다. 하나님이 허락하시지 않으면 모든 노력이 허사가 될 수 있음을 인정하면서 겸손히 하나님을 의지해야 한다(1, 3, 9절). 하나님은 모든 것을 그 쓰임에 맞게 만드셨고, 그 행위에 따라 심판하시기 때문이다(4~7절).

아울러 지도자의 태도에 대해 자주 언급한다. "왕이 내리는 판결은 하나님의 판결이니, 판결할 때에 그릇된 판결을 내리지 않는다"(10절)는 말은 왕은 언제나 옳다는 뜻이 아니다. '왕은 자신의 판결이 얼마나 중요한지를 알고 바르게 판단해야 한다'는 의미다. 왕권은 강한 권력으로 세우는 것이 아니다. "공의로만 왕위가 굳게 될 수 있기 때문"(12절)이다. 그러기 위해 왕은 "공의로운 말"과 "올바른 말"(13절)을 하도록 힘써야 한다. 왕의 기쁨이 곧 백성의 기쁨이 되기 때문이다.

이 장의 후반부에서는 겸손의 덕을 강조한다. 교만은 파멸로 가는 길이고, 겸손은 높임을 받는 길이다. 거만한 사람들과 어울리는 것이 이득이 된다 해도 겸손한 사람들과 함께하며 마음을 낮추는 편이 더 좋다. 겸손한 사람은 말씀을 따라 조심하며 산다. 그런 사람의 말은 지혜롭고 설득력이 있다(21, 23절). 듣는 사람의 마음을 즐겁게 한다. 반면 교만한 사람은 비뚤어진 말로 다툼을 일으키고 불화를 조장한다(27~28절).

신의 존재를 인정하지 않는 문화권에서도 인간의 노력이 전부가 아님을 인정했습니다. 우리가 알 수 없고 통제할 수 없는 어떤 초월적인 힘이 존재한다고 생각했습니다. 삼국지에서 유래한 금언 '진인사대천명'(盡人事待天命)이 그 예입니다. 인간으로서 할 수 있는 일을 다 행한 후에 하늘의 뜻을 기다린다는 말은 인간사를 주관하는 초월적인 힘이 있다는 믿음을 반영합니다. 그것이 무엇인지 알지 못했기에 정한수 앞에서 빌기도 하고, 점성술에 의지하기도 하며, 이도 저도 안

되면 팔자소관으로 치부하며 체념하기도 했습니다.

성서는 그 초월적인 힘이 천지를 창조하신 하나님이라고 말합니다. 하나님은 어떤 원리나 힘이 아니라 인격입니다. 생각하고 뜻하고 느끼고 판단하고 결정하는 존재라는 뜻입니다. 그래서 우리는 그분께 기도하고 그분의 뜻을 찾습니다. 내 뜻이 아니라 그분의 뜻에 따라 행하는 것이 복된 길, 생명의 길이기 때문입니다. 그분의 주권을 인정하고 그분께 내 존재를 맡기고 그분 뜻을 따라 사는 것이 겸손입니다. 겸손한 사람은 복된 길을 가며 다른 이들에게 은혜를 끼칩니다.

"백발은 영화로운 면류관이니, 의로운 길을 걸어야 그것을 얻는다"(31절)는 말씀은 노인 공경에 대한 교훈으로 잘 알려져 있습니다. 하지만 이것은 노인 공경의 가르침이 아니라 '존경받는 노인이 되라'는 가르침입니다. 하나님을 경외하며 지혜의 말씀을 따라 의로운 길을 꾸준히 가면, 노인이 되었을 때 영화로운 면류관을 쓴 것처럼 존경을 받는다는 뜻입니다. 흔한 유행가 가사를 인용하면, 의로운 길을 가는 사람은 늙을수록 낡아지는 것이 아니라 익어가리라는 약속입니다.

외로움의
질병

잠언 17장

1 마른 빵 한 조각을 먹으며 화목하게 지내는 것이, 진수성찬을 가득
히 차린 집에서 다투며 사는 것보다 낫다. 2 슬기로운 종은 부끄러운
일을 하는 주인집 아들을 다스리고, 그 집 자녀들과 함께 유산을 나누
어 받는다. 3 도가니는 은을, 화덕은 금을 단련하지만, 주님께서는 사
람의 마음을 단련하신다. 4 악을 행하는 사람은 사악한 말에 솔깃하
고, 거짓말을 하는 사람은 중상하는 말에 귀를 기울인다. 5 가난한 사
람을 조롱하는 것은 그를 지으신 분을 모욕하는 것이다. 남의 재앙을
기뻐하는 사람은 형벌을 면하지 못한다. 6 손자는 노인의 면류관이
요, 어버이는 자식의 영광이다. 7 거만한 말이 미련한 사람에게는 안
어울린다. 하물며 거짓말이 통치자에게 어울리겠느냐? 8 뇌물을 쓰는
사람의 눈에는 뇌물이 요술방망이처럼 보인다. 어디에 쓰든 안 되는
일이 없다. 9 허물을 덮어 주면 사랑을 받고, 허물을 거듭 말하면 친구
를 갈라놓는다. 10 미련한 사람을 백 번 매질하는 것보다 슬기로운 사
람을 한 번 징계하는 것이 더 효과가 있다. 11 반역만을 꾀하는 악한
사람은 마침내 잔인한 사신의 방문을 받는다. 12 어리석은 일을 하는
미련한 사람을 만나느니, 차라리 새끼 빼앗긴 암곰을 만나라. 13 악으
로 선을 갚으면, 그의 집에서 재앙이 떠나지 않는다. 14 다툼의 시작
은 둑에서 물이 새어 나오는 것과 같으니, 싸움은 일어나기 전에 그

만두어라. 15 악인을 의롭다고 하거나, 의인을 악하다고 하는 것은,
둘 다 주님께서 싫어하신다. 16 미련한 사람의 손에 돈이 있은들, 배
울 마음이 없으니 어찌 지혜를 얻겠느냐? 17 사랑이 언제나 끊어지지
않는 것이 친구이고, 고난을 함께 나누도록 태어난 것이 혈육이다. 18
지각 없는 사람 서약 함부로 하고, 남의 빚 보증 잘 선다. 19 벌받기를
좋아하는 사람은 싸우기를 좋아한다. 패가망신을 원하는 사람은 집
을 치장하기를 좋아한다. 20 마음이 비뚤어진 사람은 복을 얻지 못하
고, 거짓말만 하는 혀를 가진 사람은 재앙에 빠진다. 21 미련한 자식
을 둔 부모는 걱정이 그칠 새가 없고, 어리석은 자식을 둔 부모는 기
쁨이 없다. 22 즐거운 마음은 병을 낫게 하지만, 근심하는 마음은 뼈
를 마르게 한다. 23 악인은 가슴에 안겨 준 뇌물을 먹고서, 재판을 그
르친다. 24 슬기로운 사람의 눈은 지혜를 가까이에서 찾지만, 미련한
사람은 눈을 땅 끝에 둔다. 25 미련한 자식은 아버지의 근심이고, 어
머니의 고통이다. 26 의로운 사람을 벌주는 것은 옳은일이 아니다. 존
귀한 사람을 정직하다고 하여 때리는 것도 바른일이 아니다. 27 아는
것이 많은 사람은 말을 삼가고, 슬기로운 사람은 정신이 냉철하다. 28
어리석은 사람도 조용하면 지혜로워 보이고, 입술을 다물고 있으면
슬기로워 보인다.

17장에도 여러 주제의 격언들이 나온다. 그중에서 자주 반복하는 주제는 '가정'이다.

가정은 고난을 함께 나누는 운명 공동체다(17절). 가정 공동체에서 중요한 것은 물질의 풍요가 아니라 가족 간의 화목이다(1절). 물질에 집착하면 패가망신의 원인이 된다(19절). 당시 문화권에서 종은 주인의 소유물로 취급됐지만, 지혜로운 종은 가족의 한 사람으로 존중받았다(2절). 여러 세대가 어울려 살면 큰 행복을 느낀다(6절). 하지만 구성원 가운데 일부가 어리석으면 가족 모두의 근심이 된다(21, 25절). 악으로 선을 갚는 사람은 집안에 재앙을 불러들인다(13절).

우정은 "사랑이 언제나 끊어지지 않는 것"(17절)이다. 친구 사이의 사랑은 서로의 허물을 덮어 준다(9절). 친구 사이의 싸움은 일어나기 전에 그만두어야 한다(14절). 친구 사이에 서약하거나 빚보증 서는 일은 서로를 원수로 만든다(18절). 친구 사이에는 서약이 필요 없고, 도움이 필요할 때 그냥 주는 것이 우정이다.

그 외에도 오래 두고 묵상할 만한 경구들이 많다. "가난한 사람을 조롱하는 것은 그를 지으신 분을 모욕하는 것"(5절)이라는 말씀은 타락한 자본주의 사회에 사는 우리에게 매우 중요한 금언이다. "뇌물을 쓰는 사람의 눈에는 뇌물이 요술방망이처럼 보인다"(8절)는 말씀은 경고성 금언이다. 23절에서는 부정한 뇌물의 위험성을 경고한다. "어리석은 일을 하는 미련한 사람"(12절)처럼 위험한 사람은 없다. "슬기로운 사람의 눈은 지혜를 가까이에서 찾지만, 미련한 사람은 눈을 땅 끝에 둔다"(24절)는 말씀은 지혜의 핵심을 찌른다.

사람에게 가장 필요한 것을 꼽으라면 그것은 사랑입니다. 살아간다는 말은 곧 '사랑하고 사랑받는다'는 말입니다. 상대방을 조건 없이 있는 그대로 인정하고 받아들이는 것이 사랑입니다.

그런 사랑은 오직 하나님께 있습니다. 그래서 "하나님은 사랑이십니다"(요일 4:16)라고 했습니다. 이 말씀을 뒤집으면 '하나님 없이 참된 사랑은 없다'는 뜻이 됩니다.

하나님은 영이시고 우리는 육입니다. 그래서 우리에게는 살을 가진 사랑이 필요합니다. 우리는 몸으로 사랑하고 사랑받기를 갈망합니다. 그것은 '살 없는 사랑'(하나님의 초월적인 사랑)을 향한 갈망이기도 합니다. 영원한 사랑을 갈망하기에 살을 가진 사람에게서 사랑을 찾습니다. '살을 가진 사랑'(인간적인 사랑)은 불완전합니다. 그럼에도 우리에게는 그 사랑이 필요합니다. 불완전하나마 그런 사랑을 나누며 완전한 사랑을 찾아가기 때문입니다.

'살을 가진 사랑'을 보장하는 것이 가정이고 친구입니다. 우리는 가정 안에서 사랑을 주고받으며 성장합니다. 바깥에서는 친구를 만나 사랑의 관계를 확장해 갑니다. 사랑의 네트워크가 촘촘하고 든든할수록 인생이 안전하고 풍요롭습니다. 화목한 가정과 든든한 우정은 저절로 되지 않습니다. 그것은 가꾸어야 하는 대상입니다.

우리 사회에는 가정을 황폐하게 만들고 우정을 증발시키는 요소들이 많습니다. 사회가 불안정하니 비혼주의가 늘고 저출생 문제가 심각합니다. 친구 간의 우정은 보기 드문 현상이 되었습니다. 모든 관계를 이익의 관점에서 맺기 때문입니다. 혼밥, 혼술, 혼영이 멋있고, 혼생이 가장 행복한 선택처럼 여겨지고 있습니다.

그것은 자신을 무인도에 가두는 일입니다. 사랑받고 사랑할 대상이 없으면 살아도 사는 것이 아닙니다. 우리 시대의 가장 심각한 질병은 스스로 선택한 '외로움'입니다.

경청의
미덕

잠언 18장

1 다른 사람과 어울리지 못하는 사람은 자기 욕심만 채우려 하고, 건
전한 판단력을 가진 사람을 적대시한다. 2 미련한 사람은 명철을 좋
아하지 않으며, 오직 자기 의견만을 내세운다. 3 악한 사람이 오면 멸
시가 뒤따르고, 부끄러운 일 뒤에는 모욕이 따른다. 4 슬기로운 사람
의 입에서 나오는 말은 깊은 물과 같고, 지혜의 샘은 세차게 흐르는
강처럼 솟는다. 5 악인을 두둔하는 것과 재판에서 의인을 억울하게
하는 일은 옳지 않다. 6 미련한 사람의 입술은 다툼을 일으키고, 그 입
은 매를 불러들인다. 7 미련한 사람의 입은 자기를 망하게 만들고, 그
입술은 올무가 되어 자신을 옭아맨다. 8 헐뜯기를 잘하는 사람의 말
은 맛있는 음식과 같아서, 뱃속 깊은 데로 내려간다. 9 자기 일을 게
을리하는 자는, 일을 망치는 자와 형제간이다. 10 주님의 이름은 견고
한 성루이므로, 의인이 그 곳으로 달려가면, 아무도 뒤쫓지 못한다.
11 부자의 재산은 그의 견고한 성이 되니, 그는 그것을 아무도 못 오를
높은 성벽처럼 여긴다. 12 사람의 마음이 오만하면 멸망이 뒤따르지
만, 겸손하면 영광이 뒤따른다. 13 다 들어 보지도 않고 대답하는 것

은, 수모를 받기에 알맞은 어리석은 짓이다. 14 사람이 정신으로 병을
이길 수 있다지만, 그 정신이 꺾인다면, 누가 그를 일으킬 수 있겠느
냐? 15 명철한 사람의 마음은 지식을 얻고, 지혜로운 사람의 귀는 지
식을 구한다. 16 선물은 사람이 가는 길을 넓게 열어 주고, 그를 높은
사람 앞으로 이끌어 준다. 17 송사에서는 먼저 말하는 사람이 옳은 것
같으나, 상대방이 와 보아야 사실이 밝혀진다. 18 제비를 뽑으면 다툼
이 끝나고, 강한 사람들 사이의 논쟁이 판가름 난다. 19 노엽게 한 친
척과 가까워지기는 견고한 성을 함락시키는 것보다 어려우니, 그 다
툼은 마치 꺾이지 않는 성문의 빗장과 같다. 20 사람의 입에서 나오는
말의 열매가 사람의 배를 채워 주고, 그 입술에서 나오는 말의 결과로
만족하게 된다. 21 죽고 사는 것이 혀의 힘에 달렸으니, 혀를 잘 쓰는
사람은 그 열매를 먹는다. 22 아내를 맞이한 사람은 복을 찾은 사람이
요, 주님으로부터 은총을 받은 사람이다. 23 가난한 사람은 간절한 말
로 구걸하지만, 부유한 사람은 엄한 말로 대답한다. 24 친구를 많이
둔 사람은 해를 입기도 하지만 동기간보다 더 가까운 친구도 있다.

18장에는 인간관계를 가르치는 잠언들이 많이 나온다.

다른 사람과 어울리지 못하고 스스로 고립시키는 사람들이 있다(1절). 성장 과정에서 상처를 심하게 받은 사람 중에 그런 이들이 많다. 그런 사람들은 자기방어 성향이 고착되어 쉽게 마음을 열지 못한다. 받을 상처가 두렵기 때문이다. 그들은 스스로 만든 성 안에 자신을 유폐시키고 세상을 적대시하며 분노를 쌓아간다.

상처받기를 각오해야 다른 사람에게 마음을 열고 다가갈 수 있고, 그래야 인격적 사귐이 가능하다. 역설적이게도 사람에게 받은 상처는 사람에게서 치유받아야 한다.

인격적인 사귐에 있어 가장 중요한 덕목은 경청이다(13절). 자신이 틀릴 수 있다는 사실을 인정하고 다른 사람의 말에 성심껏 귀를 기울이는 태도다. 상대방의 말을 끝까지 들어주는 경청이 곧 겸손이다. 교만한 사람은 다른 이의 말을 끝까지 듣지 않고 자기 말을 앞세운다. 그런 사람들에게서 공통으로 보이는 습관이 다른 사람의 말을 자르는 행동이다(2절). 경청하는 사람은 상대방의 말이 내 생각과 달라도 끝까지 참고 들어주고 그 의견을 존중한다. 다툼과 논쟁과 헐뜯기(6, 18절)는 교만에서 나온 악이다.

이 장에 '견고한 성'이라는 말이 세 번 나온다. 10절에서는 "주님의 이름은 견고한 성"이라고 말한다. 동양 문화권에서 '이름'은 곧 그 사람을 의미한다. 믿는 이에게 주님은 견고한 성과 같아서 그분에게로 피하는 사람은 안전하다는 뜻이다. 11절에서는 부자가 자신의 재산을 '견고한 성'으로 여긴다고 말한다. 물질주의에 사로잡힌 사람들이 공통으로 빠지는 오류다. 세상에 있는 그 어떤 것도 우리를 안전하게 하지 못한다는 사실을 아는 것이 지혜다. 19절에서 친척과의 불화를 해결하는 일이 견고한 성을 함락시키는 일보다 어렵다고 말한다. 그것을 인지하고 관계가 깨지지 않도록 힘쓰라는 뜻이다.

지금 우리 시대에 가장 중요한 덕목은 '경청'(敬聽)이 아닐까 합니다. 경청은 '마음을 다해 듣는다'는 뜻입니다. 한자 '경'(敬)은 '공경하다'라는 의미지만 원래는 '마음을 다하다'는 뜻입니다. 마음을 다해 듣는다는 말은 자신의 한계를 인정하고 상대방에게서 지혜를 구한다는 의미입니다. 이는 상대방에게 최상의 존경을 표하는 행동이기도 합니다.

누군가를 만나 대화하는데 자기 말만 하면 기분이 상합니다. 그런 사람과는 다시 만나고 싶지 않습니다. 반면 내 말에 귀 기울이며 공감하는 사람을 만나면 큰 기쁨과 위로를 경험합니다. 그렇게 경청하는 사람은 그 만남에서 지혜를 얻습니다. 경청은 인격적인 만남에서 가장 중요한 요소입니다.

경청이 우리 시대에 가장 중요한 덕목이라고 말한 이유는 '외로운 늑대들'이 점점 많아지고 있기 때문입니다. 미국에서 잊을 만하면 반복되는 총격 사건은 주로 그런 사람들이 자행합니다. 그들은 사람들과 어울리기를 거부하고 자신의 감옥 안에 갇혀 삽니다. 그리고 자기 의견만 옳다고 믿습니다. 그들은 절대 다른 사람의 말에 귀 기울이지 않습니다. 이것은 일부 사람들만의 문제가 아니라 점점 더 많은 사람이 그렇게 변해가고 있습니다. 그로 인해 양극화는 더 심해지고, 의견이 다른 사람들 사이의 소통이 불가능해지고 있습니다.

잠언에서 가장 자주 반복하는 교훈은 '말을 적게 하고 겸손히 경청하라'는 것입니다. 그만큼 중요하고 그만큼 어렵다는 뜻입니다. 그래서 날마다 하나님 앞에 머무르며 고개를 숙여야 합니다. 겸손은 하나님 앞에 잠잠히 머물 때 시작됩니다.

일그러진
세상에서
의롭게 살기

1 거짓말을 하며 미련하게 사는 사람보다는, 가난해도 흠 없이 사는
사람이 낫다. 2 지식이 없는 열심은 좋은 것이라 할 수 없고, 너무 서
둘러도 발을 헛디딘다. 3 사람은 미련해서 스스로 길을 잘못 들고도,
마음 속으로 주님을 원망한다. 4 재물은 친구를 많이 모으나, 궁핍하
면 친구도 떠난다. 5 거짓 증인은 벌을 피할 수 없고, 거짓말을 하는
사람도 벌을 피할 길이 없다. 6 너그럽게 주는 사람에게는 은혜 입기
를 원하는 사람이 많고, 선물을 잘 주는 사람에게는 모두가 친구이다.
7 가난하면 친척도 그를 싫어하는데, 하물며 친구가 그를 멀리하지 않
겠느냐? 뒤따라가며 말을 붙이려 하여도, 아무런 소용이 없다. 8 지혜
를 얻는 사람은 자기 영혼을 사랑하고, 명철을 지키는 사람은 복을 얻
는다. 9 거짓 증인은 벌을 피할 수 없고, 거짓말을 하는 사람은 망하고
만다. 10 미련한 사람이 사치스럽게 사는 것도 마땅하지 않은데, 하물
며 종이 고관들을 다스리는 것이랴? 11 노하기를 더디 하는 것은 사람
의 슬기요, 허물을 덮어 주는 것은 그의 영광이다. 12 왕의 분노는 사
자가 소리지르는 것과 같고, 그의 은혜는 풀 위에 내리는 이슬과 같
다. 13 미련한 아들은 아버지에게 파멸을 가져다 주고, 다투기를 잘하
는 아내는 새는 천장에서 떨어지는 물과 같다. 14 집과 재물은 조상에
게서 물려받은 유산이지만, 슬기로운 아내는 주님께서 주신다. 15 게
으른 사람은 깊은 잠에 빠지고, 나태한 사람은 굶주릴 것이다. 16 계

명을 지키는 사람은 제 목숨을 지키지만, 자기 행실을 주의하지 않는
사람은 죽는다. 17 가난한 사람에게 은혜를 베푸는 것은 주님께 꾸어
드리는 것이니, 주님께서 그 선행을 넉넉하게 갚아 주신다. 18 네 아
들을 훈계하여라. 그래야 희망이 있다. 그러나 그를 죽일 생각은 품지
말아야 한다. 19 성격이 불 같은 사람은 벌을 받는다. 네가 그를 구하
여 준다고 해도 그 때뿐, 구하여 줄 일이 또 생길 것이다. 20 충고를 듣
고 훈계를 받아들여라. 그리하면 마침내 지혜롭게 된다. 21 사람의 마
음에 많은 계획이 있어도, 성취되는 것은 오직 주님의 뜻뿐이다. 22 사
람에게서 바랄 것은 성실이다. 거짓말쟁이가 되느니, 차라리 가난뱅
이가 되는 것이 낫다. 23 주님을 경외하며 살면 생명을 얻는다. 그는
만족스러운 생활을 하며, 재앙을 만나지 않는다. 24 게으른 사람은 밥
그릇에 손을 대고서도, 입에 떠 넣기를 귀찮아한다. 25 오만한 사람을
치면, 어수룩한 사람도 깨닫는다. 명철한 사람을 꾸짖으면, 그가 지식
을 얻는다. 26 아버지를 구박하고 어머니를 쫓아내는 자식은, 부끄러
움과 수치를 끌어들이는 자식이다. 27 아이들아, 지식의 말씀에서 벗
어나게 하는 훈계는 듣지 말아라. 28 악한 증인은 정의를 비웃고, 악
인의 입은 죄악을 통째로 삼킨다. 29 오만한 사람에게는 심판이 준비
되어 있고, 미련한 사람의 등에는 매가 준비되어 있다.

19장에서 가장 두드러진 주제는 '부와 가난'이다.

사람이 구할 것은 재산 증식이 아니라 흠 없이 사는 삶이다(1, 22절). 하지만 우리는 대부분 정직하고 의롭게 살기보다 풍족하게 누리며 살기를 더 원한다. 부를 누리면 사람들에게 인정과 관심을 받기 때문이다(4절). 베풀기에 너그러우면 더 많은 사람이 꼬인다. 가난하면 친척도 싫어하는 것이 현실이다(6~7절).

가난해지는 이유 가운데 하나가 게으름이다(15절). 게으름이 지나치면 가난이 도둑처럼 찾아온다(24절). 하지만 성실하고 부지런하게 살아도 가난을 면치 못할 수 있다. 경제정의가 무너져 있으면 아무리 근면하게 일해도 가난에서 벗어날 수 없다. 그런 사회에서는 악한 사람들이 부자가 된다. 수단과 방법을 가리지 않고 부를 쌓기 때문이다.

경건한 사람들은 가난해지더라도 의롭게 살기를 고집한다(1, 22절). 가난한 사람들을 돕는 일은 "주님께 꾸어드리는 것"이며, 주님께서 그 선행을 넉넉하게 갚아 주신다(17절). 또한 경건한 사람들은 주님을 경외하기에 궁핍한 상황에서도 자족한다(23절). 그래서 "사람에게서 바랄 것은 성실이다"(22절)라고 말한 것이다.

정의로운 사회는 노력한 만큼 대가를 얻는 사회입니다. 그런 사회에서는 부한 사람이 존중받습니다. 그만큼 성실하게 살았다는 뜻이기 때문입니다. 반면 경제 정의가 무너진 세상에서 부한 사람은 의심의 대상이 됩니다. 그런 사회에서 정도 이상의 부를 모으려면 불의와 편법과 부정 없이는 힘들다는 것을 알기 때문입니다. 그런 사회에서 부는 대물림 되고, 부자는 쉽게 재산을 불려갑니다. 반면 가난한 사람은 더 궁핍해집니다. 그 상황이 심각해지면 봉기가 일어나고 혁명의 원인이 됩니다.

하나님을 믿는 이들은 물질의 부가 아니라 의롭고 거룩한 삶을 목표로 삼습니다. 불의하게 부를 쌓느니 가난하게 살기를 선택합니다. 그런 삶은 경제 정의가 왜곡될수록 더 어렵습니다. 그런 사회에서는 의롭게 살면 가난해지고 그런 길을 가는 사람들을 조롱하고 경멸하기 때문입니다. 시편 73편은 경제 정의가 그릇된 세상에서 믿음을 지키는 신앙인의 고민과 갈등을 잘 표현하고 있습니다. 그럼에도 끝까지 믿음을 지키는 것이 '성실'입니다.

우리가 사는 세상의 경제 정의는 갈수록 심하게 왜곡되고 있습니다. 고위 행정직에 지명되어 청문회장에 선 사람들의 숨은 이력을 보면, 특권을 사용해 부정하게 사익을 취하는 일이 얼마나 흔하고 쉬운지 놀라게 됩니다. 부정과 편법, 속임수를 사용하지 않는 사람이 바보 취급을 받는 세상이 되었습니다.

이런 세상에 사는 우리는 각자 거룩하고 의롭게 살기를 힘쓰면서 사회의 경제 정의가 바로잡히도록 노력해야 합니다. 불의와 부정에 손대지 않아도 노력한 만큼 보상받는 세상이 되도록! 그리고 거룩하고 의롭게 사는 사람들이 존중받는 세상이 되도록!

절제의
미덕

잠언 20장

1 포도주는 사람을 거만하게 만들고, 독한 술은 사람을 소란스럽게
만든다. 이것에 빠지는 사람은 누구든지 지혜롭지 않다. 2 왕의 노여
움은 사자의 부르짖음과 같으니, 그를 노하게 하면 목숨을 잃는다. 3
다툼을 멀리하는 것이 자랑스러운 일인데도, 어리석은 사람은 누구
나 쉽게 다툰다. 4 게으른 사람은 제 철에 밭을 갈지 않으니, 추수 때
에 거두려고 하여도 거둘 것이 없다. 5 사람의 생각은 깊은 물과 같지
만, 슬기로운 사람은 그것을 길어 낸다. 6 스스로를 성실하다고 말하
는 사람은 많으나, 누가 참으로 믿을 만한 사람을 만날 수 있느냐? 7
의인은 흠 없이 살며, 그의 자손이 복을 받는다. 8 재판석에 앉은 왕은
모든 악을 한눈에 가려낸다. 9 누가 "나는 마음이 깨끗하다. 나는 죄를
말끔히 씻었다" 하고 말할 수 있겠느냐? 10 규격에 맞지 않은 저울추
와 되는 모두 주님께서 미워하시는 것이다. 11 비록 아이라 하여도 자
기 행위로 사람됨을 드러낸다. 그가 하는 행실을 보면, 그가 깨끗한지
더러운지, 올바른지 그른지, 알 수 있다. 12 듣는 귀와 보는 눈, 이 둘
은 다 주님께서 지으셨다. 13 가난하지 않으려면 잠을 좋아하지 말고,
먹거리를 풍족히 얻으려면 깨어 있어라. 14 물건을 고를 때는 "나쁘
다, 나쁘다" 하지만, 사 간 다음에는 잘 샀다고 자랑한다. 15 세상에 금
도 있고 진주도 많이 있지만, 정말 귀한 보배는 지각 있게 말하는 입
이다. 16 남의 보증을 선 사람은 자기의 옷을 잡혀야 하고, 모르는 사

람의 보증을 선 사람은 자기의 몸을 잡혀야 한다. 17 사람들은 속여서
얻은 빵이 맛있다고 하지만, 훗날에 그 입에 모래가 가득 찰 것이다.
18 계획은 사람들의 뜻을 모아서 세우고, 전쟁은 전략을 세워 놓고 하
여라. 19 험담하며 돌아다니는 사람은 남의 비밀을 새게 하는 사람이
니, 입을 벌리고 다니는 사람과는 어울리지 말아라. 20 부모를 저주하
는 자식은 암흑 속에 있을 때에 등불이 꺼진다. 21 처음부터 빨리 모
은 재산은 행복하게 끝을 맺지 못한다. 22 "악을 갚겠다" 하지 말아라.
주님을 기다리면, 그분이 너를 구원하신다. 23 규격에 맞지 않은 저울
추는 주님께서 미워하신다. 속이는 저울은 나쁜 것이다. 24 사람의 발
걸음은 주님으로 말미암은 것이니 사람이 어찌 자기의 길을 알 수 있
겠느냐! 25 경솔하게 "이것은 거룩하다" 하여 함부로 서원하여 놓고,
나중에 생각이 달라지는 것은, 사람이 걸리기 쉬운 올가미이다. 26 지
혜로운 왕은 악인을 키질하며, 그들 위에 타작기의 바퀴를 굴린다. 27
주님은 사람의 영혼을 환히 비추시고, 사람의 마음 속 깊은 곳까지 살
펴보신다. 28 인자와 진리가 왕을 지켜 주고, 정의가 그의 보좌를 튼
튼하게 한다. 29 젊은이의 자랑은 힘이요, 노인의 영광은 백발이다. 30
상처가 나도록 때려야 악이 없어진다. 매는 사람의 속 깊은 곳까지 들
어간다.

20장에서 강조하는 미덕 중 하나는 '절제'다.

절제력을 잃고 술을 탐하면 낭패를 당한다(1절). 인간관계에서 분노의 감정을 절제하지 않으면 곁에 아무도 남지 않는다(3절). 일 중독도 나쁘지만 게으름도 피해야 한다. 잠과 휴식, 노는 일에는 언제나 절제가 필요하다(4, 13절). 분노의 감정에도 절제가 필요하다. 감정을 제어하지 못하면 하나님의 바로잡으심을 기다리지 않고 스스로 원한을 갚으려 한다(22절). 자신에 대해 긍정적으로 생각하는 것은 좋으나 지나치면 자아도취에 빠지고 헛된 자의식에 사로잡힌다(6~9절).

언어생활에서도 절제가 필요하다. 말을 많이 하면 실언을 하고 험담을 즐긴다(15, 19절). 부자가 되고 싶은 욕망이 지나치면 불의하고 부정한 수단에 손을 댄다(10, 23절). 심지어 서원(誓願)에도 절제가 필요하다. 마음 가는 대로 서원하다가는 이러지도 저러지도 못하는 곤경에 빠진다(25절).

왕이 들어야 할 금언도 자주 나온다. 불의를 본 "왕의 노여움은 사자의 부르짖음"(2절)과 같아야 한다. 왕에게 주어진 절대 권력은 불의를 억압하고 정의를 세우는 데 써야 한다. 그래서 왕에게는 악을 가려내는 통찰력과 분별력이 필요하다(8절). 어리석은 왕(도덕적으로 부패한 왕)은 악한 사람들을 곁에 두고서 함께 악을 도모한다. 반면 지혜로운 왕은 악인들을 가려내어 엄하게 응징한다(26절). 왕은 오직 인자와 진리와 정의를 도모해야 한다. 그럴 때 왕권이 든든히 선다(28절).

"상처가 나도록 때려야 악이 없어진다. 매는 사람의 속 깊은 곳까지 들어간다"(30절)는 말은 악을 뿌리 뽑기가 그토록 어렵다는 뜻이다. 따라서 왕은 악한 사람들을 엄중히 심판해야 한다.

우리의 본성은 죄에 물들어 있어서 자신을 파괴하는 방향으로 기울어집니다.

먹고 싶은 대로 먹으면 점점 더 탐식하고 결국에는 몸이 망가집니다. 놀고 싶은 대로 놀면 더 강한 유흥을 찾아 헤맵니다. 이 핑계 저 핑계를 대며 게으름을 피우면 한없이 뒹굴고만 싶습니다. 비싼 물건을 구입하면 다음에는 그보다 더 고급스러운 물건을 찾습니다. 진한 쾌락을 맛보면 다음번에는 더 자극적인 쾌락을 찾아 헤맵니다. 하고 싶은 말을 마구 내뱉으면 "입을 벌리고 다니는"(19절) 사람이 되고, 생각 없이 뱉은 말로 인해 어려움을 당합니다. 입에 욕설을 자주 올리면 어느새 욕설을 즐기는 자신을 발견합니다.

성령의 열매 가운데 하나가 절제입니다(갈 5:23). 절제의 미덕은 죄된 욕망을 따라 살지 않고 성령의 인도하심을 따르게 합니다. 절제는 욕망을 부정하지 않습니다. 절제와 금욕은 전혀 다릅니다. 금욕은 욕망을 억제하고, 절제는 욕망을 관리합니다. 식욕, 성취욕, 명예욕, 성욕 등은 하나님께서 우리에게 주신 좋은 선물입니다. 욕망이 사라지면 죽은 목숨과 마찬가지입니다. 욕망은 부정의 대상이 아니라 향유의 대상입니다.

다만 우리의 욕망이 죄성에 지배당하지 않도록 관리해야 합니다. 나 자신의 힘으로는 죄된 욕망을 다스릴 수 없습니다. 그것은 오직 성령의 충만함으로 가능합니다.

개인과 사회

잠언 21장

1 왕의 마음은 흐르는 물줄기 같아서 주님의 손 안에 있다. 주님께서
원하시는 대로 왕을 이끄신다. 2 사람의 행위는 자기의 눈에는 모두
옳게 보이나, 주님께서는 그 마음을 꿰뚫어 보신다. 3 주님께서는 정
의와 공평을 지키며 사는 것을 제사를 드리는 일보다 더 반기신다. 4
거만한 눈과 오만한 마음, 이러한 죄는 악인을 구별하는 표지이다. 5
부지런한 사람의 계획은 반드시 이득을 얻지만, 성급한 사람은 가난
해질 뿐이다. 6 속여서 모은 재산은, 너를 죽음으로 몰아넣고, 안개처
럼 사라진다. 7 악인의 폭력은 자신을 멸망으로 이끄니, 그가 바르게
살기를 거부하기 때문이다. 8 죄인의 길은 구부러졌지만, 깨끗한 사
람의 행실은 올바르다. 9 다투기를 좋아하는 여자와 넓은 집에서 함
께 사는 것보다, 차라리 다락 한 구석에서 혼자 사는 것이 더 낫다. 10
악인은 마음에 악한 것만을 바라니, 가까운 이웃에게도 은혜를 베풀
지 못한다. 11 오만한 사람이 벌을 받으면 어수룩한 사람이 깨닫고,
지혜로운 사람이 책망을 받으면 지식을 더 얻는다. 12 의로우신 하나
님은 악인의 집을 주목하시고, 그를 재앙에 빠지게 하신다. 13 가난한
사람의 부르짖음에 귀를 막으면, 자기가 부르짖을 때에 아무도 대답
하지 않는다. 14 은밀하게 주는 선물은 화를 가라앉히고, 품 속에 넣
어 주는 뇌물은 격한 분노를 가라앉힌다. 15 정의가 실현될 때에, 의
인은 기뻐하고, 악인은 절망한다. 16 슬기로운 길에서 빗나가는 사람
은 죽은 사람들과 함께 쉬게 될 것이다. 17 향락을 좋아하는 사람은

가난하게 되고, 술과 기름을 좋아하는 사람도 부자가 되지 못한다.
18 악인은 의로운 사람 대신에 치르는 몸값이 되고, 사기꾼은 정직한
사람 대신에 치르는 몸값이 된다. 19 다투며 성내는 아내와 함께 사
는 것보다, 광야에서 혼자 사는 것이 더 낫다. 20 지혜 있는 사람의 집
에는 값진 보물과 기름이 있지만, 미련한 사람은 그것을 모두 탕진하
여 버린다. 21 정의와 신의를 좇아서 살면, 생명과 번영과 영예를 얻
는다. 22 지혜로운 사람은 용사들이 지키는 성에 올라가서, 그들이 든
든히 믿는 요새도 무너뜨린다. 23 입과 혀를 지킬 수 있는 사람은, 역
경 속에서도 자기의 목숨을 지킬 수 있다. 24 교만하고 건방진 사람을
오만한 자라고 하는데, 그런 사람은 우쭐대며 무례하게 행동한다. 25
게으른 사람의 욕심이 스스로를 죽이기까지 하는 것은, 어떠한 일도
제 손으로 하기를 싫어하기 때문이다. 26 악인은 온종일 탐하기만 하
지만, 의인은 아끼지 않고 나누어 준다. 27 악인의 제물이 역겨운 것
이라면, 악한 의도로 바치는 것이야 더욱 그렇지 않겠는가? 28 위증을
하는 사람의 증언은 사라지지만, 사실대로 말하는 사람의 증언은 채
택된다. 29 악한 사람은 얼굴이 뻔뻔스러우나, 정직한 사람은 자기의
행실을 잘 살핀다. 30 그 어떠한 지혜도, 명철도, 계략도, 주님을 대항
하지 못한다. 31 전쟁을 대비하여 군마를 준비해도, 승리는 오직 주님
께 달려 있다.

21장에는 물질과 관련한 잠언이 자주 나온다.

5절에서 부지런함과 성급함(조급함)을 대비시킨다. 부지런한 사람은 조급함 없이 한결같은 모습으로 주어진 일을 감당한다. 그런 사람은 재산을 늘려가지만, 조급한 사람은 가난해진다. 조급한 사람은 속여서라도 재물을 얻으려 하나, 그것은 패망의 지름길이다(6절). 조급함은 게으름의 다른 말이라 할 수 있다. 그것은 자신을 죽이는 일이다(25절).

부(富)도 좋지만 그보다 가정의 화목이 더 중요하다(9, 19절). 근면하게 일하여 재산을 늘리면 좋지만 가난한 사람들을 돌보며 도와주는 일이 더 중요하다. 악인은 자기만 알아 도울 줄 모르지만, 의인은 가난한 사람을 돕는 일에 너그럽다. 악인이 하나님께 드리는 제물은 가증하다. 불의하게 얻었고 제물을 바치는 의도가 악하기 때문이다(26~27절). 근면하게 일해 부해지는 것만큼 부를 지키는 일도 중요하다. 아무리 많은 재산을 모았어도 쾌락에 빠져 흥청망청하면 빈털터리가 된다(17절).

성실하고 근면한 사람이 넉넉해지고 게으른 사람이 가난해지는 사회가 정의를 실현한 사회다(21절). 정의가 무너지면 성실하고 근면한 사람은 가난해지고, 게으르고 악한 사람은 술수와 편법과 불의를 사용해 부해진다. 그렇기 때문에

"정의가 실현될 때에, 의인은 기뻐하고 악인은 절망"(15절)한다. "지혜 있는 사람의 집에는 값진 보물과 기름이 있다"(20절)는 말도 정의로운 사회에서나 통한다. 한 사람 한 사람의 의로운 삶도 중요하지만, 정의롭고 공의로운 사회를 세우는 일도 중요하다.

개인은 사회 안에 존재하고, 사회는 개인들이 연합해 이루어집니다. 사회 제도와 구조는 그 안에 소속된 개인의 삶에 영향을 미치고, 개인들의 성품과 언행은 사회 제도와 구조에 영향을 미칩니다.

사회 제도와 구조가 정의로우면 그 안에 사는 개인들이 정의의 혜택을 입습니다. 반면 정의롭지 못한 사회에서는 개인들이 정의롭게 살기 어렵습니다. 그럴 경우, 개인들은 불이익을 감수하고 정의를 따라 살면서 사회 제도와 구조를 정의롭게 만들기 위해 노력해야 합니다. 그것이 하나님을 믿는 이들의 과제입니다.

하나님은 당신을 믿는 이들이 현세는 외면한 채, 죽어서 천당 가기만을 바라는 모습을 원치 않으십니다. 이 땅에 사는 동안 그분 뜻을 따라 거룩하고 정의롭게 살기를 원하십니다. 또한 그가 속한 사회 구조와 제도가 좀 더 하나님의 정의에 가깝도록 헌신하기를 원하십니다. 동시에 불의한 사회 제도와 구조에 희생된 사람들을 돌보기 원하십니다. 불의한 사회에서 혼자만 잘 살기를 바란다면 하나님을 믿는다고 할 수 없습니다. 하나님의 마음으로 약자인 이웃들을 돌보면서 끌어주고 밀어주어야 합니다.

인간이 만든 어떤 제도, 어떤 구조도 하나님의 정의에 근접하지 못합니다. 정의에 있어서 조금 나은 제도가 있고 조금 못한 제도가 있을 뿐입니다. 그래서 어느 사회든 불의가 있고 부조리가 있습니다. 그런 불완전한 세상에서 하나님의 정의를 기준 삼아 정직하게 살고 사회가 좀 더 정의로워지도록 헌신하는 것이 우리의 과제입니다.

내게 주어진
다른 사람의
몫

1 많은 재산보다는 명예를 택하는 것이 낫고, 은이나 금보다는 은총
을 택하는 것이 낫다. 2 부유한 사람과 가난한 사람이 다 함께 얽혀서
살지만, 이들 모두를 지으신 분은 주님이시다. 3 슬기로운 사람은 재
앙을 보면 숨고 피하지만, 어수룩한 사람은 고집을 부리고 나아가다
가 화를 입는다. 4 겸손한 사람과 주님을 경외하는 사람이 받을 보상
은 재산과 영예와 장수이다. 5 마음이 비뚤어진 사람의 길에는 가시
와 올무가 있으나, 자기 영혼을 지키는 사람은 그런 길을 멀리한다. 6
마땅히 걸어야 할 그 길을 아이에게 가르쳐라. 그러면 늙어서도 그 길
을 떠나지 않는다. 7 가난하면 부자의 지배를 받고, 빚지면 빚쟁이의
종이 된다. 8 악을 뿌리는 사람은 재앙을 거두고, 분노하여 휘두르던
막대기는 기세가 꺾인다. 9 남을 잘 보살펴 주는 사람이 복을 받는 것
은, 그가 자기의 먹거리를 가난한 사람에게 나누어 주기 때문이다. 10
거만한 사람을 쫓아내면 다툼이 없어지고, 싸움과 욕설이 그친다. 11
깨끗한 마음을 간절히 바라며 덕을 끼치는 말을 하는 사람은, 왕의 친
구가 된다. 12 주님의 눈은 지식 있는 사람을 지켜 보시지만, 신의가
없는 사람의 말은 뒤엎으신다. 13 게으른 사람은 핑계 대기를 "바깥에
사자가 있다. 거리에 나가면 찢겨 죽는다" 한다. 14 음행하는 여자의
입은 깊은 함정이니, 주님의 저주를 받는 사람이 거기에 빠진다. 15 아
이의 마음에는 미련한 것이 얽혀 있으나, 훈계의 매가 그것을 멀리 쫓

아낸다. 16 이익을 탐해서, 가난한 사람을 학대하는 사람과, 부자에게
자꾸 가져다 주는 사람은, 가난해질 뿐이다. 17 귀를 기울여서 지혜
있는 사람의 말을 듣고, 나의 가르침을 너의 마음에 새겨라. 18 그것
을 깊이 간직하며, 그것을 모두 너의 입술로 말하면, 너에게 즐거움이
된다. 19 이는 네가 주님을 의뢰하며 살도록 하려고 오늘 내가 너에게
특별히 알려 주는 것이다. 20 내가 너에게, 건전한 충고가 담긴 서른
가지 교훈을 써 주지 않았느냐? 21 이는 네가 진리의 말씀을 깨달아
서, 너에게 묻는 사람에게 바른 대답을 할 수 있게 하려 함이다. 22 가
난하다고 하여 그 가난한 사람에게서 함부로 빼앗지 말고, 고생하는
사람을 법정에서 압제하지 말아라. 23 주님께서 그들의 송사를 맡아
주시고, 그들을 노략하는 사람의 목숨을 빼앗으시기 때문이다. 24 성
급한 사람과 사귀지 말고, 성을 잘 내는 사람과 함께 다니지 말아라.
25 네가 그 행위를 본받아서 그 올무에 걸려 들까 염려된다. 26 이웃의
손을 잡고 서약하거나, 남의 빚에 보증을 서지 말아라. 27 너에게 갚
을 것이 아무것도 없다면, 네가 누운 침대까지도 빼앗기지 않겠느냐?
28 너의 선조들이 세워 놓은 그 옛 경계표를 옮기지 말아라. 29 자기
일에 능숙한 사람을 네가 보았을 것이다. 그런 사람은 왕을 섬길 것이
요, 대수롭지 않은 사람을 섬기지는 않을 것이다.

22장은 크게 둘로 나뉜다. 16절까지는 10장에서 시작된 '솔로몬의 잠언'에 속하고, 17절부터 24장 22절까지는 '서른 가지 교훈'이라는 이름의 잠언의 일부다.

1~16절은 지혜로운 삶의 유익을 강조한다. 지혜로운 삶이란 주님을 경외하며 겸손하게 사는 것이다(4절). 세상에는 가난한 사람도 있고 부자도 있지만 모두 하나님의 다스림 아래에 있다(2절). 따라서 하나님을 경외하며 그분 뜻을 따라 사는 사람은 이 땅에서 복을 누린다. 반면 하나님을 등지고 자기 욕망을 따라 살면 재앙을 자초한다(8절). 겸손한 사람에게는 친구가 모이지만, 악한 사람은 갈등과 불화를 조장한다(10~11절). 그래서 어려서부터 지혜를 가르쳐야 한다(6, 15절).

17절부터 '서른 가지 교훈'이 이어진다. 이것은 독립적으로 전해 내려온 지혜 묶음이었을 것이다. 1923년 이집트에서 발굴된 '아메네모페 본문' 중에 '서른 가지 교훈'과 유사한 잠언들이 있어 학자들의 관심이 집중된 적이 있다. 이 사실은 '서른 가지 교훈'이 독립적인 잠언 묶음으로 광범위하게 알려져 있었음을 증명한다. 서문 격인 17~21절은 이 교훈이 "주님을 의뢰하며 살도록"(19절) 의도되었다는 사실을 밝힌다.

첫 번째 교훈(22~23절)은 사회의 약자들을 배려하라고 요청한다. 구약성경에서 사회의 약자(가난한 사람, 고아와 과부, 병자와 장애인, 노예, 이방인 등)는 하나님의 특별한 관심 대상이다.

두 번째 교훈(24~25절)은 성급하고 성마른 사람을 조심하라고 가르친다. 그런 사람들과 같이하다 보면 자신도 모르게 그렇게 행동하기 때문이다.

세 번째 교훈(26~27절)은 서약하거나 보증을 서지 말라고 가르친다.

네 번째 교훈(28절)은 선조들이 세워 놓은 경계표를 옮기지 말라고 가르친다. 경계표는 조상 때 분배받은 토지의 영역을 구분하도록 세워 놓은 돌비를 말한다. 토지 대장 같은 것이 없을 때 사용한 방법이다. 이웃의 토지를 탐내어 강제로 혹은 속여서 경계표를 옮기는 일은 하나님 앞에 큰 죄가 된다.

다섯 번째 교훈(29절)은 자신의 영역에서 탁월함을 이루라는 권면이다.

이 장에 나오는 다섯 가지 교훈 중에 세 가지가 경제적인 약자를 배려하라고 요구합니다.

첫 번째 교훈(22~23절)은 가난한 사람을 함부로 약탈하지 말고, 가난하다고 해서 부당한 판결을 하지 말라고 말합니다. 하나님께서 그들 편을 들어주시기 때문입니다.

세 번째 교훈(26~27절)은 다른 사람을 위해 서약이나 보증을 서지 말라고 합니다. 이도 역시 가난한 사람들을 보호하기 위함입니다. 보통 부자들은 이웃의 어려움에 별 관심이 없습니다. 곤경에 빠진 이웃을 위해 보증이나 담보를 서는 이들은 주로 가난한 사람들입니다. 선의로 보증이나 담보를 서지만, 그로 인해 빚더미에 앉는 경우가 더 많습니다.

네 번째 교훈(28절)도 가난하고 어리숙한 사람의 재산을 속이거나 강제로 갈취하지 말라는 뜻입니다.

잠언의 지혜는 하나님의 뜻을 따라 정의롭게 살며, 어려운 이웃을 돌아보라고 말합니다. 그런 점에서 "부유한 사람과 가난한 사람이 다 함께 얽혀서 살지만, 이들 모두를 지으신 분은 주님이시다"(2절)라는 말씀은 의미심장합니다. 현실에서는 인간의 죄성 때문에 빈부 격차가 생길 수밖에 없습니다.

지혜로운 사람은 하나님을 경외하며 근면하게 자신의 업을 섬깁니다. 정의로운 사회에서는 땀 흘린 만큼 보상을 받기에 성실한 사람들의 살림이 넉넉합니다. 하지만 그들은 그것을 자신만의 몫으로 여기지 않습니다. 얻은 물질 안에 다른 사람의 몫이 있음을 인정합니다.

그런 마음이 가난한 이웃을 돌보게 하고 도울 일을 찾게 만듭니다. 가난한 사람을 돌보는 일은 그 사람을 지으신 하나님께 기쁨을 드립니다.

지나침이 없이

잠언 23장

1 네가 높은 사람과 함께 앉아 음식을 먹게 되거든, 너의 앞에 누가 앉
았는지를 잘 살펴라. 2 식욕이 마구 동하거든, 목에 칼을 대고서라도
억제하여라. 3 그가 차린 맛난 음식에 욕심을 내지 말아라. 그것은 너
를 꾀려는 음식이다. 4 부자가 되려고 애쓰지 말고, 그런 생각을 끊어
버릴 슬기를 가져라. 5 한순간에 없어질 재물을 주목하지 말아라. 재
물은 날개를 달고, 독수리처럼 하늘로 날아가 버린다. 6 너는 인색한
사람의 상에서 먹지 말고, 그가 즐기는 맛난 음식을 탐내지 말아라. 7
무릇 그 마음의 생각이 어떠하면 그의 사람됨도 그러하니, 그가 말로
는 '먹고 마셔라' 하여도, 그 속마음은 너를 떠나 있다. 8 네가 조금 먹
은 것조차 토하겠고, 너의 아첨도 헛된 데로 돌아갈 것이다. 9 미련한
사람의 귀에는 아무 말도 하지 말아라. 그가 너의 슬기로운 말을 업
신여길 것이기 때문이다. 10 옛날에 세워 놓은 밭 경계표를 옮기지 말
며, 고아들의 밭을 침범하지 말아라. 11 그들의 구원자는 강한 분이
시니, 그분이 그들의 송사를 맡으셔서 너를 벌하실 것이다. 12 훈계를
너의 마음에 간직하고, 지식이 담긴 말씀에 너의 귀를 기울여라. 13 아
이 꾸짖는 것을 삼가지 말아라. 매질을 한다고 하여서 죽지는 않는다.
14 그에게 매질을 하는 것이, 오히려 그의 목숨을 스올에서 구하는 일
이다. 15 내 아이들아, 너의 마음이 지혜로우면, 나의 마음도 또한 즐
겁다. 16 네가 입을 열어 옳은말을 할 때면, 나의 속이 다 후련하다.
17 죄인들을 보고 마음 속으로 부러워하지 말고, 늘 주님을 경외하여
라. 18 그러면, 너의 미래가 밝아지고, 너의 소망도 끊어지지 않는다.

19 내 아이들아, 너는 잘 듣고 지혜를 얻어서, 너의 마음을 바르게 이
끌어라. 20 너는 술을 많이 마시는 사람이나 고기를 탐하는 사람과는
어울리지 말아라. 21 늘 술에 취해 있으면서 먹기만을 탐하는 사람은
재산을 탕진하게 되고, 늘 잠에 빠져 있는 사람은 누더기를 걸치게 된
다. 22 너를 낳아 준 아버지에게 순종하고 늙은 어머니를 업신여기지
말아라. 23 진리를 사들이되 팔지는 말아라. 지혜와 훈계와 명철도 그
렇게 하여라. 24 의인의 아버지는 크게 기뻐할 것이며, 지혜로운 자식
을 둔 아버지는 크게 즐거워할 것이다. 25 너의 어버이를 즐겁게 하
여라. 특히 너를 낳은 어머니를 기쁘게 하여라. 26 내 아이들아! 나를
눈여겨 보고, 내가 걸어온 길을 기꺼이 따라라. 27 음란한 여자는 깊
은 구렁이요, 부정한 여자는 좁은 함정이다. 28 강도처럼 남자를 노리
고 있다가, 숱한 남자를 변절자로 만든다. 29 재난을 당할 사람이 누
구며, 근심하게 될 사람이 누구냐? 다투게 될 사람이 누구며, 탄식할
사람이 누구냐? 까닭도 모를 상처를 입을 사람이 누구며, 눈이 충혈
될 사람이 누구냐? 30 늦게까지 술자리에 남아 있는 사람들, 혼합주만
찾아 다니는 사람들이 아니냐! 31 잔에 따른 포도주가 아무리 붉고 고
와도, 마실 때에 순하게 넘어가더라도, 너는 그것을 쳐다보지도 말아
라. 32 그것이 마침내 뱀처럼 너를 물고, 독사처럼 너를 쏠 것이며, 33
눈에는 괴이한 것만 보일 것이며, 입에서는 허튼 소리만 나올 것이다.
34 바다 한가운데 누운 것 같고, 돛대 꼭대기에 누운 것 같을 것이다.
35 "사람들이 나를 때렸는데도 아프지 않고, 나를 쳤는데도 아무렇지
않다. 이 술이 언제 깨지? 술이 깨면, 또 한 잔 해야지" 하고 말할 것이
다.

23장에는 열세 개의 잠언이 기록되어 있다.

여섯 번째 잠언은 분별없이 대접받지 말라고 충고한다(1~3절). 일곱 번째는 물질적인 부를 목적으로 삼지 말라는 가르침이다(4~5절). 여덟 번째는 인색한 사람을 조심하라고 조언한다(6~8절). 아홉 번째는 미련한 사람에게 충고하지 말라고 하고(9절), 열 번째는 힘없는 사람의 재산을 갈취하지 말라는 내용이다(10~11절).

열한 번째는 훈계를 수용하라고 가르치고(12절), 열두 번째는 자녀에게 징계를 아끼지 말라고 한다(13~14절). 13장 24절에도 자녀에게 매를 아끼지 말라는 가르침이 나오는데, 이것은 당시의 문화 배경에서 비롯됐다. 잠언의 격언 중에는 '무시간적 진리'도 있지만, 당시 사람들의 인식 수준에서 나온 가르침도 있다. 13~14절의 격언은 '상황적 교훈'으로 더는 유효하지 않다. 자녀 양육과 관련해서는 에베소서 6장 4절("또 아버지 된 이 여러분, 여러분의 자녀를 노엽게 하지 말고, 주님의 훈련과 훈계로 기르십시오.")과 골로새서 3장 21절("어버이 된 이 여러분, 여러분의 자녀들을 격분하게 하지 마십시오. 그들의 의기를 꺾지 않아야 합니다.")의 가르침을 따라야 옳다.

열세 번째는 자녀가 지혜롭기를 바라는 부모의 마음을 표현하고 있으며(15~16절), 열네 번째는 죄인들을 부러워하지 말고 주님만을 경외하라고 권한다(17~18절). 여기서의 '죄인'은 부정한 방법으로 부와 권력을 거머쥔 사람들이다. 시편 37편과 73편을 생각나게 한다. 열다섯 번째는 게으르고 방탕한 사람을 조심하라고 말한다(19~21절). 열여섯 번째는 부모의 뜻을 잘 받들어 공경하라는 가르침이다(22~25절). 지혜를 따라 의롭게 사는 삶이 부모를 기쁘게 하는 최선의 길이다.

열일곱 번째는 음란한 여성을 경계하라고 가르친다(26~28절). 이 격언도 남성 중심적 문화에서 나왔다. 따라서 여성은 '음란한 남성'으로 읽어야 한다. 열여덟 번째 가르침은 지나친 음주를 조심하라고 경고한다(29~35절). 술을 탐하고 취하는 중독은 모든 악의 근원이다.

많은 격언이 '지나침'을 경계합니다. 지체 높은 사람과 함께 식사할 때 식탐을 부리지 말라(1~3절)고 한 이유는 유혹에 빠질 수 있기 때문입니다. 술에 취하지 말라는 권면에는 긴 지면을 할애합니다(29~35절). 술에 취하면 판단력을 잃어 불화를 일으키고 그로 인해 상처를 입고 결국 패망합니다. 취중에는 행복할지 모르나 그 행복감은 환각일 뿐입니다. 술에 탐닉하지 않도록 자신을 단속하고, 술을 많이 마시거나 식탐이 있는 사람과의 만남은 조심해야 합니다(20~21절). 폭음과 폭식은 쉽게 전염되기 때문입니다.

지나친 재물욕도 조심해야 합니다(4~5절). 여기에서 '재물'은 하나의 상징으로 사용되었습니다. 마치 영원할 것 같고 안전지대가 되어 줄 것 같은 모든 것을 가리킵니다. 그것은 "날개를 달고 독수리처럼 하늘로 날아가 버리는"(5절) 것입니다. 부를 향한 지나친 욕망은 가난한 이웃을 통째로 삼키려는 탐욕으로 증폭됩니다(10~11절).

'지나침'을 경계해야 하는 대상 중 가장 중요한 것은 욕망입니다. 성적 욕망은 순수한 사랑으로만 충족할 수 있습니다. 부정한 성적 탐닉은 자신을 망가뜨리고 사랑하는 사람들에게 깊은 상처를 줍니다(27~28절).

잠언의 격언들을 묵상하면서 우리가 마음에 새겨야 하는 가장 중요한 미덕은 '절제'입니다. 우리의 욕망은 죄에 물들어 있습니다. 악한 영은 죄된 욕망을 손잡이로 삼아 우리를 휘두르려 합니다. 절제는 우리의 욕망이 악한 영의 손아귀에 잡히지 않게 합니다. 오직 절제 안에서만 하나님의 선한 선물인 욕망을 만족시킬 수 있습니다.

선한
이웃으로

잠언 24장

1 너는 악한 사람을 부러워하지 말며, 그들과 어울리고 싶어하지도 말
아라. 2 그들의 마음은 폭력을 꾀하고, 그들의 입술은 남을 해칠 말만
하기 때문이다. 3 집은 지혜로 지어지고, 명철로 튼튼해진다. 4 지식
이 있어야, 방마다 온갖 귀하고 아름다운 보화가 가득 찬다. 5 지혜가
있는 사람은 힘이 센 사람보다 더 강하고, 지식이 있는 사람은 기운이
센 사람보다 더 강하다. 6 전략을 세운 다음에야 전쟁을 할 수 있고,
참모가 많아야 승리할 수 있다. 7 지혜는 너무 높이 있어서, 어리석은
사람이 거기에 미치지 못하니, 어리석은 사람은 사람이 모인 데서 입
을 열지 못한다. 8 늘 악한 일만 꾀하는 사람은, 이간질꾼이라고 불린
다. 9 어리석은 사람은 죄짓는 것만 계획한다. 오만한 사람은 누구에
게나 미움을 받는다. 10 재난을 당할 때에 낙심하는 것은, 너의 힘이
약하다는 것을 드러내는 것이다. 11 너는 죽을 자리로 끌려가는 사람
을 건져 주고, 살해될 사람을 돕는 데 인색하지 말아라. 12 너는 그것
이 '내가 알 바 아니라'고 생각하며 살겠지만, 마음을 헤아리시는 주님
께서 어찌 너의 마음을 모르시겠느냐? 너의 목숨을 지키시는 주님께
서 다 알고 계시지 않겠느냐? 그분은 각 사람의 행실대로 갚으실 것이
다. 13 내 아이들아, 꿀을 먹어라. 그것은 좋은 것이다. 송이꿀을 먹어
라. 그것은 너의 입에 달콤할 것이다. 14 지혜도 너의 영혼에게는 그
와 같다는 것을 알아라. 그것을 얻으면 너의 장래가 밝아지고, 너의
소망이 끊어지지 않는다. 15 악한 사람아, 의인의 집을 노리지 말고,
그가 쉬는 곳을 헐지 말아라. 16 의인은 일곱 번을 넘어지더라도 다시

일어나지만, 악인은 재앙을 만나면 망한다. 17 원수가 넘어질 때에 즐
거워하지 말고, 그가 걸려서 쓰러질 때에 마음에 기뻐하지 말아라. 18
주님께서 이것을 보시고 좋지 않게 여기셔서, 그 노여움을 너의 원수
로부터 너에게로 돌이키실까 두렵다. 19 행악자 때문에 분개하지도
말고, 악인을 시기하지도 말아라. 20 행악자에게는 장래가 없고, 악
인의 등불은 꺼지고 만다. 21 내 아이들아, 주님과 왕을 경외하고, 변
절자들과 사귀지 말아라. 22 그들이 받을 재앙은 갑자기 일어나는 것
이니, 주님이나 왕이 일으킬 재난을 누가 알겠느냐? 23 몇 가지 교훈
이 더 있다. 재판할 때에 얼굴을 보아 재판하는 것은 옳지 않다. 24 악
인에게 '네가 옳다' 하는 자는 백성에게서 저주를 받고, 뭇 민족에게서
비난을 받을 것이다. 25 그러나 악인을 꾸짖는 사람은 기쁨을 얻을 것
이며, 좋은 복도 받을 것이다. 26 바른말을 해주는 것이, 참된 우정이
다. 27 네 바깥 일을 다 해놓고 네 밭 일을 다 살핀 다음에, 네 가정을
세워라. 28 너는 이유도 없이 네 이웃을 치는 증언을 하지 말고, 네 입
술로 속이는 일도 하지 말아라. 29 너는 "그가 나에게 한 그대로 나도
그에게 하여, 그가 나에게 한 만큼 갚아 주겠다" 하고 말하지 말아라.
30 게으른 사람의 밭과 지각이 없는 사람의 포도원을 내가 지나가면
서 보았더니, 31 거기에는 가시덤불이 널려 있고, 엉겅퀴가 지면을 덮
었으며, 돌담이 무너져 있었다. 32 나는 이것을 보고 마음 깊이 생각
하고, 교훈을 얻었다. 33 "조금만 더 자야지, 조금만 더 눈을 붙여야지,
조금만 더 팔을 베고 누워 있어야지" 하면, 34 가난이 강도처럼 들이닥
치고, 빈곤이 방패로 무장한 용사처럼 달려들 것이다.

1~22절에는 열아홉 번째 가르침부터 서른 번째 가르침이 나온다. 이 잠언들은 지혜가 삶에서 매우 중요하며(3~7, 13~14절), 지혜 없음(어리석음)이 악행의 원인임을 거듭 강조한다(8~9, 15~16절). 지혜를 추구하는 사람은 악인들과 짝하지 말아야 한다. 그들에게 악한 영향을 받기 때문이다. 지혜로운 사람은 재난을 당해도 낙심하지 않는다.

지혜를 사모하는 사람이라면 어려움 당한 사람들을 도와주어야 한다. 주님께서 갚으시기 때문이다. 또한 원수가 잘못되는 모습을 보고 좋아하지 말아야 한다. 하나님을 경외하는 사람은 악행을 일삼는 사람들을 보고 시기하거나 분개할 수 있다(17~20절). 그들이 누리는 모습만 보기 때문이다. 하나님께서 그들을 심판하신다는 사실을 기억하면 그런 현실로 인해 심란해하지 않는다. 마지막으로 주님과 왕을 경외하고 반역자들과 사귀지 말라는 가르침으로 '서른 가지 가르침'을 맺는다(21~22절).

이어서 또 다른 잠언 묶음이 나온다. 재판할 때 정의를 따라 판정하라(23~25절)는 가르침은 잠언의 주요 주제 중 하나다. 친구에게 바른말 하기란 쉽지 않다. 하지만 꼭 필요할 때 충고할 수 있어야 참 우정이다. 일에는 우선순위가 있다. 먼저 할 일과 나중 할 일을 뒤바꾸면 일을 그르친다(27

절). 법정에서의 거짓 증언과 게으름에 대한 경고 역시 잠언의 주요 주제다.(28~34절) 일상생활에서 자주 일어나는 일이기 때문이다.

'서른 가지 가르침'의 후반부에는 인간관계의 교훈이 많이 나옵니다. 지혜를 사모한다는 말은 주님을 경외하며 거룩하고 의롭게 사는 것을 의미합니다. 현실에서 악행을 일삼는 사람들이 신실하게 사는 사람들보다 잘될 수 있습니다. 그럴 때 시기심이 일어나는데, 만약 그 마음에 압도되면 믿음을 버리고 그들과 어울려 악행을 일삼게 됩니다.

지혜를 사모하는 사람들이 악한 사람들의 번영을 보며 빠지는 또 다른 함정은 분노입니다. 자신만 손해 보고 사는 것 같아 분이 쌓입니다. 그런 감정에 빠지면 악한 사람들이 어려움을 당할 때 쾌재를 부릅니다. 그것이 '자기 의'(self-righteousness)의 함정입니다.

하나님은 내 주님이시지만 그 사람의 주님이기도 하다는 사실을 기억해야 합니다. 나를 고통스럽게 하는 사람이라 해도 아픔을 당하면 같이 아파해야 합니다. 주님께서 그런 모습을 보고 싶어 하십니다.

17~18절은 예수님의 말씀과 바울 사도의 권면을 기억하게 합니다. 지혜자는 원수의 고통을 보고 기뻐하지 말라고 권합니다. 하지만 예수님은 원수를 사랑하고 축복하라고 하셨고(마 5:44), 바울 사도는 보복하지 말고 선으로 악을 이기라고 권면했습니다(롬 12:21). 예수님은 잠언의 소극적인 윤리를 뛰어넘어 적극적으로 행동하라고 하십니다.

정의로운
정치를 위해

1 이것도 솔로몬의 잠언으로, 유다 왕 히스기야의 신하들이 편집한 것
이다. 2 일을 숨기는 것은 하나님의 영광이요, 일을 밝히 드러내는 것
은 왕의 영광이다. 3 하늘이 높고 땅이 깊은 것처럼, 왕의 마음도 헤아
리기 어렵다. 4 은에서 찌꺼기를 없애라. 그래야 은장색의 손에서 그
릇이 되어 나온다. 5 왕 앞에서는 악한 사람을 없애라. 그래야 왕위가
공의 위에 굳게 선다. 6 왕 앞에서 스스로 높은 체하지 말며, 높은 사
람의 자리에 끼여들지 말아라. 7 너의 눈 앞에 있는 높은 관리들 앞에
서 '저리로 내려가라'는 말을 듣는 것보다, '이리로 올라오라'는 말을
듣는 것이 더 낫기 때문이다. 8 너는 급하게 소송하지 말아라. 훗날에
너의 이웃이 너를 이겨 부끄럽게 만들 때에, 네가 어떻게 할지가 염려
된다. 9 이웃과 다툴 일이 있으면 그와 직접 변론만 하고, 그의 비밀
을 퍼뜨리지 말아라. 10 그 말을 듣는 사람이 오히려 너를 비난하면,
그 나쁜 소문이 너에게서 떠나지 않고 따라다닐까 두렵다. 11 경우에
알맞은 말은, 은쟁반에 담긴 금사과이다. 12 지혜로운 사람의 책망은,
들을 줄 아는 사람의 귀에는, 금귀고리요, 순금 목걸이이다. 13 믿음
직한 심부름꾼은 그를 보낸 주인에게는 무더운 추수 때의 시원한 냉
수와 같아서, 그 주인의 마음을 시원하게 해 준다. 14 선물을 한다고

거짓말로 자랑을 퍼뜨리는 사람은 비를 내리지 못하는 구름과 바람
같다. 15 분노를 오래 참으면 지배자도 설득되고, 부드러운 혀는 뼈도
녹일 수 있다. 16 꿀을 발견하더라도 적당히 먹어라. 과식하면 토할지
도 모른다. 17 이웃집이라 하여 너무 자주 드나들지 말아라. 그가 싫
증이 나서 너를 미워하게 될지도 모른다. 18 거짓말로 이웃에게 불리
한 증언을 하는 사람은, 망치요, 칼이요, 뾰족한 화살이다. 19 환난을
당할 때에, 진실하지 못한 사람을 믿는 것은, 마치 썩은 이와 뼈가 부
러진 다리를 의지하는 것과 같다. 20 마음이 상한 사람 앞에서 즐거운
노래를 부르는 것은, 추운 날에 옷을 벗기는 것과 같고, 상처에 초를
붓는 것과 같다. 21 네 원수가 배고파 하거든 먹을 것을 주고, 목말라
하거든 마실 물을 주어라. 22 이렇게 하는 것은, 그의 낯을 뜨겁게 하
는 것이며, 주님께서 너에게 상으로 갚아 주실 것이다. 23 북풍이 비
를 일으키듯, 헐뜯는 혀는 얼굴에 분노를 일으킨다. 24 다투기를 좋아
하는 여자와 넓은 집에서 함께 사는 것보다, 차라리 다락 한 구석에서
혼자 사는 것이 더 낫다. 25 먼 데서 오는 기쁜 소식은 목이 타는 사람
에게 주어지는 냉수와 같다. 26 의인이 악인 앞에 무릎을 꿇는 것은,
흐려진 샘물과 같고, 오염된 우물물과 같다. 27 꿀도 너무 많이 먹는
것은 좋지 않듯이, 영예를 지나치게 구하는 것은 좋지 않다. 28 자기
의 기분을 자제하지 못하는 사람은, 성이 무너져 성벽이 없는 것과 같
다.

25~29장은 솔로몬의 두 번째 잠언집이다.

솔로몬의 첫 번째 잠언집은 10장부터 22장 16절까지다. 두 번째 잠언 묶음은 히스기야의 신하들이 수집한 내용이다(1절).

2~7절은 신하의 의무를 가르친다. 우리가 하나님을 높이고 찬양하는 이유는 그분이 하시는 일이 우리의 이해와 예상을 뛰어넘기 때문이다. 반면 왕은 자신의 뜻을 분명하게 드러내어 통치해야 한다. 왕이 자기 생각을 밝히 드러내지 않으면 백성은 두려움에 사로잡힌다(2~3절). 악한 고관은 왕이 공의를 펼치는 데 장애가 된다. 지도자로 세움받은 사람은 어떤 직책을 맡든 겸손하게 행동해야 한다(5~7절).

8~10절은 이웃과의 송사를 다룬다. 이웃과 다툼이 생기면 감정에 사로잡혀 경거망동하지 않도록 조심해야 한다. 문제가 생겼다고 고소부터 하지 말고 당사자를 찾아가 해결해야 한다. 이때 문제를 소문내지 않아야 한다. 소문을 들은 상대방이 더 악한 소문을 퍼뜨릴 수 있기 때문이다.

11~15절에는 언어생활과 관련한 격언들이 나온다. 말할 때는 상황에 맞는지 물어야 한다(11절). 옳은 말이라고 해서 함부로 말하면 모두에게 해롭다. 누군가에게 책망받는 일은 어렵지만, 지혜로운 사람의 책망은 큰 유익이 되기에 경청하

고 받아들여야 한다(12절). 누군가의 부탁으로 말을 전할 때는 보낸 사람의 뜻을 충실하게 전해야 한다(13절). 다른 사람을 설득하려면 분노를 잘 관리하고, 말할 때는 부드럽게 해야 한다(15절).

16~28절에는 여러 가르침이 섞여 나온다. 절제의 미덕(16~17, 27~28절), 거짓 증언(18절), 환난의 때에 필요한 분별력(19절), 공감의 미덕(20절), 원수를 대하는 태도(21~22절), 험담의 위험(23~24절) 등이 이어진다. 25절은 전쟁에서 승전보(勝戰報)가 들려온 때에 한 말처럼 보인다. "의인이 악인 앞에 무릎을 꿇는 것"(26절)은 개인적으로도, 사회적으로도 낙심되는 소식이다. 그렇게 되면 악행이 더욱 심해지기 때문이다.

우리는 모두 정의와 사랑이 입 맞추는 세상을 원합니다. 그런 세상을 이루기 위해서는 지도자인 왕이 하나님을 경외하며 그분 뜻을 따르기 위해 노력해야 합니다. 그리고 신하들은 왕의 뜻을 받들어 정직하고 청렴하게 백성을 섬겨야 합니다. 왕은 고관들이 자신의 눈치를 보지 않고 공의를 따르도록 하고, 고관들은 왕의 초심이 흐트러지지 않게 견제해야 합니다. 그럴 때 백성은 무더위에 마시는 시원한 냉수 같은 만족과 기쁨을 얻습니다.

불행하게도 현실에서는 이런 일이 잘 보이지 않습니다. 지난 역사에서 자신에게 주어진 절대 권력을 두렵고 떨리는 마음으로 받고, 백성을 위해 섬김의 본을 보인 인물을 꼽자면 열 손가락이 남아돕니다. 절대 권력자를 보좌했던 고관 중에 청렴결백하게 왕을 섬기고 백성을 섬긴 사람도 찾기 어렵습니다. 절대다수의 사람이 수중에 든 권력으로 사사로운 욕망을 채우기에 바빴습니다. 과거에 그랬고, 지금도 마찬가지고, 역사가 끝날 때까지도 그럴 것입니다. 인간의 죄성 때문입니다.

그렇다고 해서 비관적으로 체념하자는 뜻은 아닙니다. 하나님을 믿는 이들은 하나님의 기준으로 현시대의 권력을 평가하면서 권력을 오용하지 않도록 견제해야 합니다. 믿는 이들은 '우파'도 아니고 '좌파'도 아닙니다. 우리는 하나님의 눈으로 현실을 보는 '위파'입니다. 우리는 이 땅의 권력자들이 좀 더 하나님의 정의에 가까워지도록 이끌어 주는 파수꾼들이 되고, 각자의 자리에서 하나님의 정의를 이루도록 노력해야 합니다.

미련함에 대해

잠언 26장

1 미련한 사람에게는 영예가 어울리지 않는다. 이는 마치 여름에 눈
이 내리는 것과 같고, 추수 때에 비가 오는 것과 같다. 2 까닭없는 저
주는 아무에게도 미치지 않으니, 이는 마치 참새가 떠도는 것과 같고,
제비가 날아가는 것과 같다. 3 말에게는 채찍, 나귀에게는 재갈, 미련
한 사람의 등에는 매가 필요하다. 4 미련한 사람이 어리석은 말을 할
때에는 대답하지 말아라. 너도 그와 같은 사람이 될까 두렵다. 5 미련
한 사람이 어리석은 말을 할 때에는 같은 말로 대응하여 주어라. 그
가 지혜로운 체할까 두렵다. 6 미련한 사람을 시켜서 소식을 보내는
것은, 제 발목을 자르거나 폭력을 불러들이는 것과 같다. 7 미련한 사
람이 입에 담는 잠언은, 저는 사람의 다리처럼 힘이 없다. 8 미련한 사
람에게 영예를 돌리는 것은, 무릿매에 돌을 올려놓는 것과 같다. 9 미
련한 사람이 입에 담는 잠언은, 술 취한 사람이 손에 쥐고 있는 가시
나무와 같다. 10 미련한 사람이나 지나가는 사람을 고용하는 것은, 궁
수가 닥치는 대로 사람을 쏘아대는 것과 같다. 11 개가 그 토한 것을
도로 먹듯이, 미련한 사람은 어리석은 일을 되풀이한다. 12 너는 스
스로 지혜롭다 하는 사람을 보았을 것이나, 그런 사람보다는 오히려
미련한 사람에게 더 희망이 있다. 13 게으른 사람은 핑계 대기를 "길
에 사자가 있다. 거리에 사자가 있다" 한다. 14 문짝이 돌쩌귀에 붙어
서 돌아가듯이, 게으른 사람은 침대에만 붙어서 뒹군다. 15 게으른 사

람은 밥그릇에 손을 대고서도, 입에 떠 넣기조차 귀찮아한다. 16 게으
른 사람은 재치 있게 대답하는 사람 일곱보다 자기가 더 지혜롭다고
생각한다. 17 자기와 관계없는 싸움에 끼어드는 것은, 사람이 개의 귀
를 붙잡는 것과 같다. 18 횃불을 던지고 화살을 쏘아서 사람을 죽이는
미친 사람이 있다. 19 이웃을 속이고서도 "농담도 못하냐?" 하고 말하
는 사람도 그러하다. 20 땔감이 다 떨어지면 불이 꺼지듯이, 남의 말
을 잘하는 사람이 없어지면 다툼도 그친다. 21 숯불 위에 숯을 더하는
것과, 타는 불에 나무를 더하는 것과 같이, 다투기를 좋아하는 사람은
불난 데 부채질을 한다. 22 헐뜯기를 잘하는 사람의 말은 맛있는 음식
과 같아서, 뱃속 깊은 데로 내려간다. 23 악한 마음을 품고서 말만 매
끄럽게 하는 입술은, 질그릇에다가 은을 살짝 입힌 것과 같다. 24 남을
미워하는 사람은 입술로는 그렇지 않은 체하면서, 속으로는 흉계를
꾸민다. 25 비록 다정한 말을 한다 하여도 그를 믿지 말아라. 그의 마
음 속에는 역겨운 것이 일곱 가지나 들어 있다. 26 미운 생각을 교활
하게 감추고 있다 하여도, 그 악의는 회중 앞에서 드러나기 마련이다.
27 함정을 파는 사람은 자기가 그 속에 빠지고, 돌을 굴리는 사람은 자
기가 그 밑에 깔린다. 28 거짓말을 하는 혀는 흠 없는 사람의 원수이
며, 아첨하는 사람은 자기의 신세를 망친다.

26장에는 네 가지 주제의 격언 묶음이 나온다. 문학 양식으로 볼 때, 이 장의 격언들은 다양한 비유를 사용한다는 점에서 독특하다.

1~12절은 미련한 사람이 되지 말라고 교훈한다. 시가문학과 지혜문학에서 '어리석다' 혹은 '미련하다'는 말은 지능이 떨어진다는 뜻이 아니다. 하나님을 부정하고 자기 고집대로 생각하고 행동한다는 뜻이다. 잘 알지도 못하면서 자기 생각대로 말하고 행동하는 사람을 가리킨다. 그런 사람과는 말조차 섞지 말아야 한다. 그런 사람에게 일을 맡기면 낭패를 당한다. 그의 미련한 말은 귀담아들을 필요가 없다. 그들을 높여주면 해를 더할 뿐이다. 어리석음을 스스로 깨닫고 지혜를 구할 때까지 기다려야 한다.

이어지는 격언은 게으름(13~16절), 다툼과 험담(17~22절), 언어생활(23~28절)을 다룬다. 이 세 가지 주제는 미련함과 지혜로움이 일상생활에서 어떤 차이를 만드는지 구체적으로 보여 준다.

먼저 13~16절은 게으름을 경고한다. 게으름의 어리석음을 강조하기 위해 과장법을 사용한다. 그 사람은 여러 가지 핑계를 대며 게으름을 피운다. 그러면서도 자신이 가장 똑똑하다고 생각한다. 반면 지혜로운 사람은 성실하고 부지런하다.

17~22절은 다툼과 험담의 무익함을 가르친다. 자신과 관계없는 싸움에 끼어들거나 함부로 중상하면 득(得)보다 실(失)이 훨씬 많다. 그런 말에 솔깃하여 귀를 내주는 것도 미련함의 증상이다.

23~28절은 언어생활에서 조심해야 할 점들을 교훈한다. 인간이 만물의 영장이 된 가장 중요한 이유는 언어를 구사했기 때문이다. 우리는 내면세계와 외부 세계를 연결하는 언어로 자신을 표현한다. 그러나 미련한 사람들은 자신을 은폐하고 위장하는 도구로 언어를 오용한다. 그들에게 말은 상대방을 속이고 갈취하고 억압하는 수단이다. 그 악의는 결국 자신에게 부메랑으로 돌아온다. 지혜를 찾는 사람은 진실하고 친절한 언어생활을 추구한다.

시편과 지혜서에서 어리석음은 '완고함', '분별없음', '부패함'을 의미합니다. 지혜의 근본이 하나님을 경외함이듯, 어리석음의 근본은 하나님을 인정하지 않는 것입니다(시편 14:1, 53:1).

하나님의 존재는 세상 만물에 환히 드러나 있기에(롬 1:19)

마음이 열려 있는 사람은 그것을 알아봅니다. 하나님의 존재를 인정하는 사람은 함부로 살 수 없습니다. 하나님의 뜻을 따라 거룩하고 의롭게 살도록 힘씁니다. 그래서 지혜를 갈구합니다.

진실에 마음을 걸어 잠그고 욕망대로 살기로 한 사람들을 돌이키기란 거의 불가능합니다. 어떤 논리로도 설복되지 않고, 증거를 제시해도 돌이키기를 거부합니다. 자기들이 가장 지혜롭다고 믿기 때문입니다. 진실에로의 방향 전환은 오직 스스로 깨우쳐 돌아서기를 선택할 때 가능합니다. 한계 상황에 직면해 자기의 선택이 잘못됐음을 인정하고 돌아서는 것이 유일한 희망입니다.

그의 돌이킴을 위해 우리가 할 일은 사랑으로 품어 주고, 하나님과 동행하는 삶의 매력을 보여 주며, 그를 위해 기도하는 것입니다. 이것이 바로 바울 사도가 말한 '해산의 수고'입니다.

좋은 친구

잠언 27장

1 내일 일을 자랑하지 말아라. 하루 사이에 무슨 일이 생길지 알 수 없
다. 2 네가 너를 칭찬하지 말고, 남이 너를 칭찬하게 하여라. 칭찬은
남이 하여 주는 것이지, 자기의 입으로 하는 것이 아니다. 3 돌도 무
겁고 모래도 짐이 되지만, 어리석은 사람이 성가시게 구는 것은, 이
두 가지보다 더 무겁다. 4 분노는 잔인하고 진노는 범람하는 물과 같
다고 하지만, 사람의 질투를 누가 당하여 낼 수 있으랴? 5 드러내 놓
고 꾸짖는 것이, 숨은 사랑보다 낫다. 6 친구의 책망은 아파도 진심에
서 나오지만, 원수의 입맞춤은 거짓에서 나온다. 7 배부른 사람은 꿀
도 지겨워하지만, 배고픈 사람은 쓴 것도 달게 먹는다. 8 고향을 잃
고 떠도는 사람은, 둥지를 잃고 떠도는 새와 같다. 9 향유와 향료가 마
음을 즐겁게 하듯이, 친구의 다정한 충고가 그와 같다. 10 너의 친구
나 너의 아버지의 친구를 저버리지 말아라. 네가 어렵다고 친척의 집
을 찾아 다니지 말아라. 가까운 이웃이 먼 친척보다 낫다. 11 내 아이
들아, 지혜를 깨우치고, 나의 마음을 기쁘게 하여라. 그러면 나를 비
방하는 사람에게, 내가 대답할 수 있겠다. 12 슬기로운 사람은 재앙을
보면 숨어 피하지만, 어수룩한 사람은 고집을 부리고 나아가다가 화
를 입는다. 13 남의 보증을 선 사람은 자기의 옷을 잡혀야 하고, 모르

는 사람의 보증을 선 사람은 자기의 몸을 잡혀야 한다. 14 이른 아침
에 큰소리로 이웃에게 축복의 인사를 하면, 그것을 오히려 저주로 여
길 것이다. 15 다투기를 좋아하는 여자는, 비 오는 날 지붕에서 끊임
없이 비가 새는 것과 같다. 16 그런 여자를 다스리려는 것은, 바람을
다스리려는 것과 같고, 손으로 기름을 가득 움켜 잡으려는 것과 같다.
17 쇠붙이는 쇠붙이로 쳐야 날이 날카롭게 서듯이, 사람도 친구와 부
대껴야 지혜가 예리해진다. 18 무화과나무를 가꾸는 사람이 그 열매
를 먹듯이, 윗사람의 시중을 드는 사람이 그 영화를 얻는다. 19 사람
의 얼굴이 물에 비치듯이, 사람의 마음도 사람을 드러내 보인다. 20 스
올과 멸망의 구덩이가 만족을 모르듯, 사람의 눈도 만족을 모른다. 21
도가니는 은을, 화덕은 금을 단련하듯이, 칭찬은 사람됨을 달아 볼 수
있다. 22 어리석은 사람은 곡식과 함께 절구에 넣어서 공이로 찧어도,
그 어리석음이 벗겨지지 않는다. 23 너의 양 떼의 형편을 잘 알아 두
며, 너의 가축 떼에게 정성을 기울여라. 24 재물은 영원히 남아 있지
않으며, 왕관도 대대로 물려줄 수 없기 때문이다. 25 그러나 풀은 벤
뒤에도 새 풀이 돋아나니, 산에서 꼴을 거둘 수 있다. 26 어린 양의 털
로는 너의 옷을 지어 입을 수 있고, 숫양으로는 밭을 사들일 수 있으
며, 27 염소의 젖은 넉넉하여, 너와 너의 집 식구의 먹을 것뿐만 아니
라, 너의 여종의 먹을 것까지 있을 것이다.

1~10절에는 뚜렷한 주제 없이 다양한 주제의 잠언들이 이어지고 있다. 성급한 장담(1절), 자화자찬(2절), 어리석음(3절), 질투(4절), 애정 어린 충고(5~6절), 지나친 욕망(7절), 고향(8절), 친구(9~10절) 등이다.

11~22절은 아버지가 아들에게 주는 가르침이다. 지혜를 깨우치라는 조언(11~12절)에 이어 보증의 위험성(13절), 이웃을 향한 배려(14절), 다투기 좋아하는 사람에 대한 주의(15~16절), 친구의 중요성(17절), 신실한 삶의 태도(18절), 태도에서 드러나는 진심(19절), 만족을 모르는 욕망(20절), 됨됨이를 알아보는 칭찬(21절), 어리석은 사람의 완고함(22절) 등의 격언들이 나온다.

23~27절은 목자에게 주는 가르침이다. 양 떼의 형편을 잘 살피며 정성을 기울여야 하는 이유는 목자의 생활이 양들에게 달렸기 때문이다. 여기서의 목자는 왕이다. 지도자인 왕은 백성의 형편을 잘 살피고 정성을 다해야 한다. 그래야 왕권이 든든히 선다.

이 장에서는 친구 관계의 가르침이 자주 나옵니다(5~6, 9~10, 17절). 진정한 친구라면 진심에서 우러나온 충고를 해 줄 수 있어야 하고, 또 친구의 충고를 귀담아들어야 합니다. 그러나 현실에서 친구 사이의 충고는 자주 우정을 깨뜨리는 원인이 됩니다. 그만큼 우정이 깊지 못하고 친구를 진실하게 아끼지 못한다는 증거입니다.

진실한 친구는 친척보다 더 든든한 의지처가 됩니다. 누구나 가까운 친구의 영향을 받습니다. 돈 밝히는 친구와 어울리면 돈독에 들고, 색을 밝히는 친구와 어울리면 색욕에 빠집니다. 반면 맑고 바른 정신으로 사는 친구와 어울리면 내 정신도 맑고 밝아집니다. 친한 친구로 인해 자주 자신을 돌아보고 마음의 옷깃을 여민다면, 그는 큰 복을 누리는 사람입니다.

저에게는 그런 친구가 하나 있습니다. 나를 친구 삼으신 예수 그리스도입니다(요 15:15). 내가 원할 때마다 친구로 다가오십니다. 그분과의 인격적인 사귐은 내 영혼을 맑게 하고 정신을 깨어나게 합니다. 그래서 더 자주, 더 깊이 그분과 함께 있고자 애를 씁니다. 그렇게 할 때 나도 누군가에게 좋은 친구가 될 수 있다고 믿습니다. 이 믿음이 삶에서 실현되기를 소망합니다.

믿음으로
돈
극복하기

잠언 28장

1 악인은 뒤쫓는 사람이 없어도 달아나지만, 의인은 사자처럼 담대
하다. 2 나라에 반역이 일면, 통치자가 자주 바뀌지만, 슬기와 지식이
있는 사람이 다스리면, 그 나라가 오래간다. 3 가난한 사람을 억압하
는 가난한 사람은 먹거리를 남김없이 쓸어 버리는 폭우와 같다. 4 율
법을 버린 사람은 악인을 찬양하지만, 율법을 지키는 사람은 악인에
게 대항한다. 5 악한 사람은 공의를 깨닫지 못하나, 주님을 찾는 사람
은 모든 것을 깨닫는다. 6 부유하나 구부러진 길을 가는 사람보다는
가난해도 흠 없이 사는 사람이 낫다. 7 슬기로운 아들은 율법을 지키
지만, 먹기를 탐하는 사람들과 어울리는 아들은 아버지에게 욕을 돌
린다. 8 높은 이자로 재산을 늘리는 것은, 마침내, 가난한 사람들에게
은혜로 베풀어질 재산을 쌓아 두는 것이다. 9 귀를 돌리고 율법을 듣
지 않으면, 그의 기도마저도 역겹게 된다. 10 정직한 사람을 나쁜 길
로 유인하는 사람은 자기가 판 함정에 빠지지만, 흠 없이 사는 사람은
복을 받는다. 11 부자가 자기 보기에는 지혜롭지만, 가난하나 슬기로
운 사람은 그 사람의 속을 꿰뚫어 본다. 12 정직한 사람이 이기면 많
은 사람이 축하하지만, 악인이 일어나면 사람들이 숨는다. 13 자기의
죄를 숨기는 사람은 잘되지 못하지만, 죄를 자백하고 그것을 끊어 버
리는 사람은 불쌍히 여김을 받는다. 14 늘 두려워하는 마음으로 사는
사람은 복을 받지만, 마음이 완고한 사람은 재앙에 빠진다. 15 가난한

백성을 억누르는 악한 통치자는, 울부짖는 사자요, 굶주린 곰이다. 16
슬기가 모자라는 통치자는 억압만을 일삼지만, 부정한 이득을 미워
하는 통치자는 오래도록 살 것이다. 17 사람을 죽인 사람은 함정으로
달려가는 것이니, 아무도 그를 막지 말아야 한다. 18 흠 없이 사는 사
람은 구원을 받을 것이지만, 그릇된 길을 따라가는 사람은 언젠가는
한 번 넘어지고야 만다. 19 밭을 가는 사람은 먹을 것이 넉넉하지만,
헛된 것을 꿈꾸는 사람은 찌들게 가난하다. 20 신실한 사람은 많은 복
을 받지만, 속히 부자가 되려는 사람은 벌을 면하지 못한다. 21 사람
의 얼굴을 보고 재판하는 것은 옳지 않다. 사람은 빵 한 조각 때문에
그런 죄를 지을 수도 있다. 22 죄악에 눈이 어두운 사람은 부자가 되
는 데에만 바빠서, 언제 궁핍이 자기에게 들이닥칠지를 알지 못한다.
23 아첨하는 사람보다는 바르게 꾸짖는 사람이, 나중에 고맙다는 말
을 듣는다. 24 자기 부모의 것을 빼앗고도 그것이 죄가 아니라고 하는
사람은 살인자와 한패이다. 25 욕심이 많은 사람은 다툼을 일으키지
만, 주님을 의뢰하는 사람은 풍성함을 누린다. 26 자기의 생각만을 신
뢰하는 사람은 미련한 사람이지만, 지혜롭게 사는 사람은 구원을 받
는다. 27 가난한 사람을 도와주는 사람은 모자라는 것이 없지만, 그를
못 본 체하는 사람은 많은 저주를 받는다. 28 악인이 일어나면 사람들
은 숨어 버리지만, 그가 망하면 의인이 많이 나타난다.

28장에서 자주 언급하는 주제는 부와 가난이다.

모두가 부(富)를 바라지만, 부해지기 위해 부정한 방법을 사용해서는 안 된다(22절). 불의하게 부자가 되면 부끄러워 해야 한다. 가난해도 흠 없이 살기를 힘써야 한다(6절). 반대로 근면하게 일하여 부를 이루면 축하받지만, 게을러서 혹은 사치와 허영 때문에 가난해지면 수치스럽다(19절). 주님을 신뢰하고 그분의 뜻을 목표로 삼는 사람은 풍성함을 누린다(25절). 하지만 물질의 부를 삶의 목적으로 삼으면 불의를 행할 위험이 크다(20절).

물질적으로 넉넉한 것도 중요하지만 재물을 잘 관리하고 사용하는 일도 중요하다. 부에는 그만한 위험이 따른다. 자신이 의로워서 하나님의 복을 받았다고 착각하기 쉽다(11절). 재산이 늘수록 영적으로 더 깨어 있어야 한다. 또 돈놀이 유혹도 조심해야 한다. 율법은 동족 간에 이자놀이를 하지 못하도록 규정하고 있다(신 23:19~20). 그것은 가난한 사람을 더욱 가난하게 만들기 때문이다(8절).

인간의 죄성 때문에 가난한 사람들은 항상 존재한다. 어떤 사람은 의롭고 거룩하게 살아 가난하고, 어떤 사람은 어리석고 게으른 습관 때문에 가난하다. 어떤 경우든 하나님을 믿는 이들은 가난한 이들을 긍휼한 눈으로 보며 보살펴야 한다(3, 27절). 특히 지도자들은 가난한 백성을 돌보고 돕는 일에 각별히 힘써야 한다(15~16절).

우리가 사는 세상은 '자본주의'에 근거해 돌아갑니다. 모든 것을 돈의 가치로 환산하기에 돈이 가장 큰 힘을 가집니다. 돈으로 다 살 수는 없지만, 돈으로 못 사는 것이 별로 없습니다. 돈이 많으면 그만큼 편리하고 안전합니다.

그런 점에서 돈은 곧 힘입니다. 옛적에 어머니들이 자녀 지갑에 몰래 현금을 넣어 주신 까닭은 자녀에게 힘을 주려는 뜻이었습니다. 돈이 없으면 불편하고 불안합니다. 어려운 처지에서 돈을 빌리러 다녀본 사람은 가난이 얼마나 사람을 비참하게 만드는지 잘 압니다. 돈이 많으면 신이 된 듯 교만해지고, 돈이 없으면 자존감이 떨어집니다.

이렇듯 돈은 중요한 수단입니다. 하지만 그것보다 더 중요한 것이 있습니다. 하나님과의 관계입니다. 하나님과 깊은 관계에 이르면 돈의 힘은 상대화됩니다. 부자가 되어도 교만해지거나 방탕하지 않습니다. 가난해져서 그 상황에 짓눌린다 해도 인간 됨됨이를 포기하지 않습니다. 돈이 아니라 사명에 최선을 다하여 주님께 영광 돌리는 일을 인생의 목적으로 삼습니다. 그래서 부자가 되면 그 부를 자기 소유가 아니라 하나님이 맡기신 소유로 여깁니다. 가난해지면 그것을 분복(分福)으로 여기고 자족하기를 추구합니다. 그리고 자신보다 더 가난한 사람들을 돌봅니다. 이것이 믿음으로 돈을 극복하는 방법입니다.

돈의 영향력 아래에 있으면 신분 상승을 목표로 삼습니다. 부자들 그룹에 속하기를 추구합니다. 마음과 눈이 높은 데 붙들려 있기에 가난한 사람들을 돌아볼 여유가 없습니다. 반면 믿음의 능력으로 돈의 영향력을 극복하면 신분 상승을 원하지 않습니다. 하나님 안에서 절대 가치를 발견했기 때문입니다. 그런 사람들은 부자 그룹에 끼기를 원치 않습니다. 경제적으로 자신보다 못한 사람들의 친구가 되어 가난의 질병을 치유하기 위해 힘씁니다.

권력은 위태롭다

잠언 29장

1 책망을 자주 받으면서도 고집만 부리는 사람은, 갑자기 무너져서 회
복하지 못한다. 2 의인이 많으면 백성이 기뻐하지만, 악인이 권세를
잡으면 백성이 탄식한다. 3 지혜를 사랑하는 아들은 아버지를 기쁘게
하지만, 창녀에게 드나드는 아들은 재산을 탕진한다. 4 공의로 다스
리는 왕은 나라를 튼튼하게 하지만, 뇌물을 좋아하는 왕은 나라를 망
하게 한다. 5 이웃에게 아첨하는 사람은 그의 발 앞에 그물을 치는 사
람이다. 6 악인이 범죄하는 것은 그 자신에게 올무를 씌우는 것이지
만, 의인은 노래하며 즐거워한다. 7 의인은 가난한 사람의 사정을 잘
알지만, 악인은 가난한 사람의 사정쯤은 못 본 체한다. 8 거만한 사람
은 성읍을 시끄럽게 하지만, 지혜로운 사람은 분노를 가라앉힌다. 9
지혜로운 사람이 어리석은 사람을 걸어서 소송하면, 어리석은 사람
이 폭언과 야유로 맞서므로, 지혜로운 사람은 안심할 수 없다. 10 남
을 피 흘리게 하기를 좋아하는 사람은 흠 없는 사람을 미워하지만, 정
직한 사람은 흠 없는 사람의 생명을 보살펴 준다. 11 미련한 사람은
화를 있는 대로 다 내지만, 지혜로운 사람은 화가 나도 참는다. 12 통
치자가 거짓말에 귀를 기울이면, 그 신하들이 모두 악해진다. 13 가난
한 사람과 착취하는 사람이 다 함께 살고 있으나, 주님은 이들 두 사
람에게 똑같이 햇빛을 주신다. 14 왕이 가난한 사람을 정직하게 재판

하면, 그의 왕위는 길이길이 견고할 것이다. 15 매와 꾸지람은 지혜를
얻게 만들어 주지만, 내버려 둔 자식은 그 어머니를 욕되게 한다. 16
악인이 많아지면 범죄가 늘어나지만, 의인은 그들이 망하는 것을 보
게 된다. 17 너의 자식을 훈계하여라. 그러면 그가 너를 평안하게 하
고, 너의 마음에 기쁨을 안겨 줄 것이다. 18 계시가 없으면 백성은 방
자해지나, 율법을 지키는 사람은 복을 받는다. 19 말만으로는 종을 제
대로 가르칠 수 없으니 다 알아들으면서도 따르지 않기 때문이다. 20
너도 말이 앞서는 사람을 보았겠지만, 그런 사람보다는 오히려 미련
한 사람에게 더 바랄 것이 있다. 21 어릴 때부터 종의 응석을 받아 주
면, 나중에는 다루기 어렵게 된다. 22 화를 잘 내는 사람은 다툼을 일
으키고, 성내기를 잘하는 사람은 죄를 많이 짓는다. 23 사람이 오만하
면 낮아질 것이고, 마음이 겸손하면 영예를 얻을 것이다. 24 도둑과
짝하는 사람은 자기의 목숨을 하찮게 여기는 사람이다. 그러므로 자
기를 저주하는 소리를 들어도 아무런 반박을 하지 못한다. 25 사람을
두려워하면 올무에 걸리지만, 주님을 의지하면 안전하다. 26 많은 사
람이 통치자의 환심을 사려고 하지만, 사람의 일을 판결하시는 분은
주님이시다. 27 의인은 불의한 사람을 싫어하고, 악인은 정직한 사람
을 싫어한다.

새번역은 29장의 제목을 '상식'으로 정했다. 여기에 수록된 잠언들이 상식 수준의 진리를 전한다는 뜻이다. 상식이라면 그리 새로울 것이 없다. 하지만 상식은 수많은 사람의 경험이 축적된 삶의 지혜다. 상식선에서만 살아도 꽤 훌륭한 사람이다.

이 장은 25장부터 시작된 '솔로몬의 추가 잠언'의 마지막 부분이다. 여기에는 왕, 즉 지도자에 관한 격언이 많이 나온다. 악한 사람이 권세를 잡으면 백성에게 큰 불행이 닥친다(2절). 그런 지도자는 부정한 이득과 뇌물을 탐한다(4절). 의로운 사람이 권세를 얻으면 공의가 세워진다. 사회의 약자들을 위해 권력을 사용하기 때문이다. 반면 악인은 백성의 어려움을 살피지 않고 자기 욕심대로 권력을 사용해 나라를 시끄럽게 만든다(7~8절).

지도자는 거짓말과 아첨하는 말에 솔깃하기 쉽다. 그러면 주변 사람들이 악해진다(12절). 권력자의 눈에 들기 위해 거짓말을 일삼기 때문이다. 지도자는 항상 진실을 따라야 한다. 그래야 지도자의 권세가 오래 간다(14절). 지도자에게는 악인은 줄고 의인은 많아지도록 치리할 책임이 있다(16절). 그렇게 할 때 나라가 평안하다. 또한 말로만 다스리지 않고 스스로 모범을 보여야 한다(19~20절). 자기 위에 영원하고 절대적인 통치자가 계시다는 사실을 늘 기억하며 겸손히 행해야 한다(26절).

"계시가 없으면 백성은 방자해지나, 율법을 지키는 사람은 복을 받는다"(18절)는 말씀은 지도자가 하나님 앞에 바로 서야 함을 강조한다. 공동체의 지도자는 하나님과의 깊은 사귐을 통해 거룩한 비전을 품고 그것을 백성과 나눠야 한다. 그것이 '계시'다. 그것이 없으면 백성은 "그 때에는 이스라엘에 왕이 없었으므로, 저마다 자기의 뜻에 맞는 대로 하였다"(삿 21:25)는 사사 시대처럼 방자해진다.

"권력은 쟁취하는 것이 아니라 맡겨지는 것이다. 권력은 사유 대상이 아니라 공유의 대상이다. 권력은 자신의 이익이 아니라 맡겨 준 사람들의 이익을 위해 사용해야 한다. 권력은 영원하지 않다. 권력은 그것을 가진 사람을 타락하게 만든다. 권력은 양날의 칼이다."

이는 일반적으로 알려진 권력의 개념입니다. 기독교 신앙은 모든 권세가 하나님에게서 온다고 가르칩니다. 이 믿음이 지난 역사에서는 부당한 권력을 정당화하는 빌미로 사용됐지만, 사실은 권력을 가진 사람들이 마음에 새겨야 하는 진리입니다.

하나님께서 권력을 맡겨 주셨다면, 하나님의 뜻에 맞게 사용하도록 그분의 뜻을 분별해야 합니다. 부단히 하나님 앞에 무릎 꿇고 공동체를 어떻게 이끌어야 하는지 물어야 합니다. 나 자신은 '다스리는' 사람이 아니라 '섬기는' 사람임을 잊지 말아야 합니다.

하지만 권력의 자리에서 끝까지 변질되지 않고 바른길로 완주한 예는 찾아보기 어렵습니다. 크든 작든 권력의 자리에 있으면 욕망이 자라고, 욕망의 만족을 위한 틈을 찾습니다. 죄는 일단 좁은 구멍에 머리를 집어넣었다가 점차 몸통 전체를 끌어당기는 뱀의 본성과 같습니다. 그래서 권력의 자리에 오래 있으면 대부분 패망의 나락으로 떨어집니다.

예수님은 가장 높고 가장 큰 권세를 가지셨음에도 모든 것을 비우고 낮은 자리에 오셔서 세상을 섬기셨습니다. 십자가에 달려 죽을 운명임을 알면서도 섬김의 길에서 벗어나지 않으셨습니다. 그리고 제자들에게 고관들처럼 군림하기를 추구하지 말고 당신처럼 낮아져 섬기라고 하셨습니다. 그것이 자신뿐 아니라 모두를 복되게 하는 길이기 때문입니다.

구할 만한
것들

잠언 30장 1~14절

1 이것은 야게의 아들 아굴이 말한 잠언이다. 이 사람이 이디엘에게
말하고, 또 이디엘과 우갈에게 말하였다. 2 참으로 나는, 사람이라기
보다는 우둔한 짐승이며, 나에게는 사람의 총명이 없다. 3 나는 지혜
를 배우지도 못하였고, 지극히 거룩하신 분을 아는 지식도 깨우치지
못하였다. 4 하늘에 올라갔다가 내려온 사람이 누구며, 바람을 자기
손에 움켜 쥐고 있는 사람이 누구냐? 물을 그 옷자락으로 싸고 있는
사람이 누구며 땅의 모든 경계선을 그은 사람이 누구인가? 그 사람의
이름은 무엇인지, 그의 아들의 이름은 무엇인지, 정말 네가 아느냐? 5
하나님의 말씀은 모두 순결하며, 그분은 그를 의지하는 사람의 방패
가 되신다. 6 그 말씀에 아무것도 더하지 말아라. 그렇지 않으면 그분
이 너를 책망하시고, 너는 거짓말을 하는 사람이 될 것이다. 7 주님께
두 가지 간청을 드리니, 제가 죽기 전에 그것을 이루어 주십시오. 8 허
위와 거짓말을 저에게서 멀리하여 주시고, 저를 가난하게도 부유하
게도 하지 마시고, 오직 저에게 필요한 양식만을 주십시오. 9 제가 배
가 불러서, 주님을 부인하면서 '주가 누구냐'고 말하지 않게 하시고,
제가 가난해서, 도둑질을 하거나 하나님의 이름을 욕되게 하거나, 하
지 않도록 하여 주십시오. 10 주인에게 그 종을 비방하는 말을 하지
말아라. 그 종이 너를 저주하고 너에게 죄가 돌아갈까 두렵다. 11 아
버지를 저주하며 어머니를 축복하지 않는 무리가 있다. 12 더러운 것
을 씻지도 않고 깨끗한 체하는 무리가 있다. 13 눈이 심히 높아서, 눈
꺼풀을 치켜 올리고 남을 깔보는 무리가 있다. 14 이빨이 긴 칼과 같
고 턱이 큰 칼과 같아서, 가난한 사람을 하나도 땅에 남기지 않고 삼
키며 궁핍한 사람을 삼켜 씨를 말리는 무리도 있다.

이 본문에 나오는 잠언들은 아굴이 전한 내용이다. 아굴이 어떤 인물인지 알려진 바는 없다.

1절의 두 번째 문장은 두 가지로 번역할 수 있다. 새번역처럼 번역한다면, 아굴의 잠언을 전해 준 사람들을 지칭한 것이다. 하지만 새번역 난외주처럼 "그가 말하였다. '하나님, 저는 피곤합니다. 하나님, 저는 피곤합니다. 제가 어떻게 다시 힘을 되찾을 수 있습니까?'"라고 번역할 수도 있다.

후자의 번역이 옳다고 보는 학자들이 많다. 2~3절에서 표현한 감정과 일치하기 때문이다. 아굴은 자신이 우둔한 짐승과 다를 바가 없다고 탄식한다. 지혜를 배우지 못했고 하나님을 아는 지식도 깨우치지 못했기 때문이다(2~3절). 지혜를 얻기 위해 부단히 노력했지만, 기대에 비해 얻은 지혜가 보잘것없기에 이렇게 탄식한다.

이어서 그는 인간으로서 하나님의 지혜와 비밀을 알기란 불가능하다는 사실을 세 개의 수사적 질문으로 묘사한다(4절). 온 우주와 모든 생명을 창조하고 다스리시는 분의 생각을 인간이 어떻게 더듬어 알 수 있겠느냐는 질문이다. 우리는 다만 그분의 말씀에 귀 기울이고 돈독하게 순종할 뿐이다. 그럴 때 그분은 우리의 방패가 되신다(5~6절).

하나님이 어떤 분이며 그분 앞에 선 자신이 얼마나 작은 존재인지 겸손히 고백한 아굴은 두 가지 청을 주님께 올린다(7~8절).

첫째로 자신의 존재를 위해 기도한다. 허위와 거짓말을 멀리하여 진실한 사람으로 살게 해 달라고 요청한다. 둘째로 삶의 조건을 위해 기도한다. 가난하게도 부하게도 하지 말고 생활에 필요한 만큼만 달라고 한다. 아굴은 그 이유를 9절에서 밝힌다. 물질적으로 부해지면 교만해져 하나님을 부인하기 쉽고, 곤궁하면 죄를 지어 하나님을 욕되게 할 가능성이 크기 때문이다.

이어 몇 가지 악행을 거론한다. 주인에게 종을 비방하는 일, 부모를 저주하는 일. 위선, 교만, 사회의 약자들을 괴롭히는 폭력 등이 그것이다(10~14절).

'아굴의 기도'는 성경에 나오는 여러 기도문 중에 '주기도' 다음으로 많은 사람이 좋아합니다. 사람들이 좋아하는 이유는 하나님 앞에 선 사람이라면 마땅히 바라는 바를 기도로 구하기 때문입니다.

그는 먼저 진실한 사람이 되게 해 달라고 기도합니다. 소유보다 존재가 더 우선이며, 환경보다 내면이 더 중요하다는 사실을 그는 분명히 알고 있습니다. 그런 다음 삶의 알맞은 소유를 위해 기도합니다. 그는 이 기도에서도 '하나님과의 관계'를 중요하게 여깁니다. 소유의 많고 적음으로 인해 하나님과의 관계에 손상이 있어서는 안 된다는 점을 분명히 합니다.

이 기도문을 읽으면 마음이 맑아지는 느낌입니다. 마음에 차 있던 헛된 욕망들이 가라앉는 것 같습니다. 마음의 중심을 어디에 두어야 할지 선명해집니다. 그래서 누구나 이 기도문을 좋아합니다.

하지만 이 기도가 진정 내 삶에 이루어지기를 바라는지 자문해야 합니다. 이 세상에서 진실하고 정직하게 살려면 손해를 각오해야 하기 때문입니다. 예수님은 '주기도'에서 일용할 양식을 구하라고 가르치셨는데, 우리는 평생 먹을 양식을 확보하고 싶어 합니다.

누구나 '기왕이면' 부자로 살기를 소망합니다. 그러면서도 이 기도문을 좋아하는 것은 욕망을 포장하려는 속임수가 아닌지 자문해 봅니다. 그렇게 생각하니 아굴의 기도가 화살처럼 마음에 와 박힙니다. 내 마음에 숨기고 있는 더러운 욕망을 꺼내 보여 주는 기도이기 때문입니다.

손을
입에 대고

15 거머리에게는 '달라, 달라' 하며 보채는 딸이 둘이 있다. 전혀 배부
른 줄 모르는 것이 셋, 만족할 줄 모르는 것 넷이 있으니, 16 곧 스올
과 아기 못 낳는 태와 물로 갈증을 없앨 수 없는 땅과 만족하다고 말
할 줄 모르는 불이다. 17 아버지를 조롱하며 어머니를 멸시하여, 순종
하지 않는 사람의 눈은, 골짜기의 까마귀에게 쪼이고 새끼 독수리에
게 먹힐 것이다. 18 기이한 일이 셋, 내가 정말 이해할 수 없는 일이 넷
이 있으니, 19 곧 독수리가 하늘을 날아간 자취와, 뱀이 바위 위로 지
나간 자취와, 바다 위로 배가 지나간 자취와, 남자가 여자와 함께 하
였던 자취이다. 20 간음한 여자의 자취도 그러하니, 먹고도 안 먹었다
고 입을 씻듯이 "나는 아무런 악행도 한 일이 없다" 한다. 21 세상을 뒤
흔들 만한 일이 셋, 세상이 감당하지 못할 일이 넷이 있으니, 22 곧 종
이 임금이 되는 것과, 어리석은 자가 배불리 먹는 것과, 23 꺼림을 받
는 여자가 시집을 가는 것과, 여종이 그 안주인의 자리를 이어받는 것
이다. 24 땅에서 아주 작으면서도 가장 지혜로운 것이 넷이 있으니, 25
곧 힘이 없는 종류이지만 먹을 것을 여름에 예비하는 개미와, 26 약한
종류이지만 바위 틈에 자기 집을 짓는 오소리와, 27 임금은 없으나 떼
를 지어 함께 나아가는 메뚜기와, 28 사람의 손에 잡힐 것 같은데도 왕
궁을 드나드는 도마뱀이다. 29 늠름하게 걸어 다니는 것이 셋, 위풍당
당하게 걸어 다니는 것 넷이 있으니, 30 곧 짐승 가운데서 가장 강하
여, 아무 짐승 앞에서도 물러서지 않는 사자와, 31 자랑스럽게 걷는 사
냥개와, 숫염소와, 아무도 맞설 수 없는 임금이다. 32 네가 어리석어서
우쭐댔거나 악한 일을 도모하였거든, 너의 손으로 입을 막고 반성하
여 보아라. 33 우유를 저으면 굳은 우유가 되고, 코를 비틀면 피가 나
오듯, 화를 돋우면 분쟁이 일어난다.

아굴의 잠언 후반부에는 독특한 형식의 격언이 나온다. 새번역은 "…하는 것이 셋, …하는 것 넷이 있으니"라고 번역했는데, 개역개정처럼 "…하는 것 서넛이 있나니"라고 번역하는 것이 좋다. 아굴은 다섯 가지 영역에서 네 가지 예를 열거한다.

첫째로 만족할 줄 모르는 네 가지를 말한다(15~16절). 스올은 바닥이 없는 깊은 구멍을 뜻한다. 불임의 태는 아무리 많은 씨앗을 쏟아부어도 생명을 낳지 못한다. 메마른 땅은 한없이 물을 흡수하고, 불은 먼지 한 터럭 남기지 않고 모두 태워 버린다. 아굴은 이 네 가지 비유로 인간의 끝없는 욕망을 암시하는 듯하다.

둘째로 흔적을 남기지 않는 네 가지를 말한다(18~20절). 독수리가 하늘을 날아간 자취, 뱀이 바위 위로 지나간 자취, 바다 위로 배가 지나간 자취, 남녀가 동침한 자취가 그것이다. 아굴은 여기에 한 가지를 더한다. 음행한 흔적이다. 이 예들을 들어 죄를 감추는 것이 얼마나 쉬운 일인지 말하는 것 같다.

셋째로 사회 질서를 어지럽히는 네 가지를 말한다(21~23절). 왕위를 찬탈한 노예, 어리석은 사람에게 내린 상, 자신의 치부를 속이고 한 결혼, 안주인의 자리를 차지한 여종이다. 이런 일이 일어나면 세상은 어지러워지고 백성은 고통당한다.

넷째로 작지만 지혜로운 네 가지를 말하는데(24~28절), 개미와 오소리와 메뚜기와 도마뱀이 그것이다.

다섯 번째로 아굴은 크고 힘 있는 네 가지를 말한다(29~31절). 그것은 사자, 사냥개, 숫염소, 강한 임금인데, 작은 것들은 그것대로 강점이 있고 큰 것들은 그것 나름의 강점이 있다.

이 말씀들 사이에 형식이 다른 두 말씀을 수록하고 있다. 하나는 부모를 조롱하거나 멸시하는 사람을 향한 경고이고(17절), 다른 하나는 교만한 태도의 위험성이다(32~33절).

아굴은 세상사와 인생사의 비밀을 알아내기 위해 생애를 바쳤습니다. 하지만 평생 연구해 얻은 결론은 하나님의 비밀은 너무 깊고 오묘해 자신의 머리로는 모두 이해하거나 설명할 수 없다는 것이었습니다. 무엇을 깨우쳤다 싶으면 얼마 지나지 않아 그것이 전부가 아니라는 사실이 드러납니다. 세상사와 인간사는 매우 복잡해 다 알 수도, 이해할 수도 없었습니다. 그래서 그는 “하나님, 저는 피곤합니다”(1절)라고 탄식했습니다. 그는 지혜와 총명함에 있어 당대 최고였지만, 정작 자신은 "우둔한 짐승"(2절)이라고 고백했습니다.

15~31절에 나오는 다섯 종류의 잠언은 세상사와 인간사의 신비를 알고자 했던 아굴의 고백입니다. 그는 존재의 신비를 풀기 위해 관찰하고 연구하고 분석했습니다. 그런 노력으로 모든 것을 해명할 수 있다고 생각했습니다. 그 덕에 수많은 지식과 지혜를 얻었지만, 그렇게 습득한 지식과 지혜가 만물의 신비 가운데 지극히 작은 조각에 불과하다는 사실도 깨달았습니다.

그래서 존재의 신비를 풀고자 한 노력을 멈추고 있는 그대로 대면하기로 했습니다. 모든 비밀을 풀 수 있다고 우쭐댄 어리석음을 버리고 손으로 입을 막고 존재의 신비 앞에 겸손히 서기로 합니다(32절).

바울 사도는 하나님의 구원 역사를 설명하면서 끝에 이렇게 고백합니다.

"하나님의 부유하심은 어찌 그리 크십니까? 하나님의 지혜와 지식은 어찌 그리 깊고 깊으십니까? 그 어느 누가 하나님의 판단을 헤아려 알 수 있으며, 그 어느 누가 하나님의 길을 더듬어 찾아낼 수 있겠습니까?"(롬 11:33)

진실을 조금이라도 깨달았다면 우리가 할 일은 그저 그분 앞에서 입을 다물고 "주님, 말씀하십시오. 제가 듣겠습니다"라고 고백하는 것입니다.

성적 방종과 음주 습관

잠언 31장 1~9절

1 르무엘 왕의 잠언, 곧 그의 어머니가 그에게 교훈한 말씀이다. 2 내
아들아, 내가 무엇을 말할까? 내 태에서 나온 아들아, 내가 무엇을 말
할까? 서원을 하고 얻은 아들아, 내가 무엇을 말할까? 3 여자에게 너
의 힘을 쓰지 말아라. 여자는 임금도 망하게 할 수 있으니, 여자에게
너의 길을 맡기지 말아라. 4 르무엘아, 임금에게 적합하지 않은 일이
있다. 포도주를 마시는 것은 임금에게 적합한 일이 아니다. 독주를 좋
아하는 것은 통치자들에게 적합한 일이 아니다. 5 술을 마시면 법을
잊어버리고, 억눌린 사람들에게 판결을 불리하게 내릴까 두렵다. 6
독한 술은 죽을 사람에게 주고, 포도주는 마음이 아픈 사람에게 주어
라. 7 그가 그것을 마시고 자기의 가난을 잊을 것이고, 자기의 고통을
더 이상 기억하지 않을 것이다. 8 너는 벙어리처럼 할 말을 못하는 사
람과 더불어, 고통 속에 있는 사람들의 송사를 변호하여 입을 열어라.
9 너는 공의로운 재판을 하고, 입을 열어, 억눌린 사람과 궁핍한 사람
들의 판결을 바로 하여라.

르무엘 왕이 어떤 인물인지 알려진 바가 없다. 학자들은 아라비아 지역을 다스렸던 왕으로 추정한다.

이 잠언은 그의 어머니가 왕위에 오른 아들에게 준 교훈이다. 잠언 편집자는 이 가르침들이 이스라엘에서 나온 것은 아니지만 진리를 담고 있다고 판단해 이 책에 포함시켰다. 어느 문화권에서 나왔든지 오랜 세월 전수된 격언들은 진리를 담고 있다. 그것은 동양 문화권에서 전해오는 경전들을 보아도 알 수 있다.

르무엘의 어머니는 왕위에 오르는 아들에게 중요한 가르침을 전하겠다고 말한다(2절). "서원을 하고 얻은 아들"이라는 표현에서 알 수 있듯이, 그 아들은 어머니에게 매우 소중한 존재였다. 어머니는 왕이 된 아들이 선정(善政)을 펼치기 원했다. 그래서 가장 중요한 가르침을 고르고 골라 두 가지를 뽑았다.

첫째로 성적 방종에 빠지지 말라고 당부한다(3절). 절대 왕정 시대의 왕은 수많은 처첩을 거느렸다. 제국 내의 모든 여성이 왕의 소유나 다름없었다. 그래서 쉽게 성적 방종과 타락에 빠졌다. 그렇게 되면 왕은 정사(政事)에 관심이 없고 정사(情事)에만 마음을 두게 되었고, 그것은 나라 전체를 도탄에 빠뜨렸다. 어머니는 아들에게 정력을 헛되이 낭비하지 말고 백성을 돌보는 일에 마음을 쓰라고 이른다.

둘째로 술을 탐하지 말라고 경고한다(4~9절). 독주는 말할 것도 없고 포도주조차 삼가야 한다. 술을 탐닉하면 판단력이 흐려지고 쉽게 감정에 치우치기 때문이다. 어머니는 독주는 마취제로 사용하고, 포도주는 마음이 아픈 백성들에게 주어 잠시라도 시름을 잊게 하라고 가르친다.

왕의 소임에 충실하려면 늘 맑은 정신으로 깨어 있어야 한다. 그래야 사회의 소수자들에게 마음과 눈길을 두고, 정의롭고 공의로운 재판을 할 수 있기 때문이다.

어머니가 왕인 아들에게 준 두 가지 가르침은 오늘날에도 유효합니다.

왕정 시대와 마찬가지로 민주주의 시대에도 지도자의 존재와 역할은 아무리 강조해도 지나치지 않습니다. 한 공동체를 섬기도록 권력을 위임받았다면, 최선의 봉사로 주권자들에게 그 권력을 돌려주어야 합니다. 그러기 위해서는 마음과 정신이 늘 주권자들에게 가 있어야 합니다.

주권자 중에서도 소수자들에게 마음을 써야 합니다. 인간이 만든 제도는 불완전하여 언제나 불이익당하는 사람들이 존재합니다. 지도자는 그들의 소리에 귀 기울이고 문제를 해결해 주기 위해 힘써야 합니다.

그래서 르우엘의 어머니가 아들에게 성적 탐닉과 음주 습관을 조심하라고 한 것입니다. 두 가지는 모두 마음과 정신을 혼미하게 만들고 판단력을 흐리게 하며 육체의 정력을 허비하게 합니다. 타락한 욕망을 탐닉하면 백성을 돌아볼 마음과 에너지가 남지 않습니다. 오히려 가진 자들과 어울려 즐기기에 몰두합니다. 그것은 왕 자신에게 파멸의 단초가 되고 국가적으로는 패망에 이르는 문이 됩니다.

아굴의 잠언에 "전혀 배부른 줄 모르는 것이 셋, 만족할 줄 모르는 것 넷이 있다"(30:15)고 했는데, 우리의 타락한 욕망이 그렇습니다. 성적 욕망과 방종의 욕망은 아무리 채워도 더 크고 강한 만족을 요구합니다.

타락한 욕망을 만족시키는 유일한 방도는 절제에 있습니다. 절제만이 타락한 욕망의 폭력에서 자신을 지킬 수 있습니다. 그렇게 자신을 지켜야만 맡은 소임을 다할 수 있습니다.

지혜를
체화한 사람

10 누가 유능한 아내를 맞겠느냐? 그 값은 진주보다 더 뛰어나다. 11
남편은 진심으로 아내를 믿으며 가난을 모르고 산다. 12 그의 아내는
살아 있는 동안, 오직 선행으로 남편을 도우며, 해를 입히는 일이 없
다. 13 양털과 삼을 구해다가, 부지런히 손을 놀려 일하기를 즐거워한
다. 14 또한 상인의 배와 같이, 먼 곳에서 먹거리를 구하여 오기도 한
다. 15 날이 밝기도 전에 일어나서 식구들에게는 음식을 만들어 주고,
여종들에게는 일을 정하여 맡긴다. 16 밭을 살 때에는 잘 살펴본 다음
에 사들이고, 또 자기가 직접 번 돈으로 포도원도 사서 가꾼다. 17 허
리를 단단히 동여매고, 억센 팔로 일을 한다. 18 사업이 잘되어가는 것
을 알고, 밤에도 등불을 끄지 않는다. 19 한 손으로는 물레질을 하고,
다른 손으로는 실을 탄다. 20 한 손은 펴서 가난한 사람을 돕고, 다른
손은 펴서 궁핍한 사람을 돕는다. 21 온 식구를 홍색 옷으로 따스하게
입히니, 눈이 와도 식구들 때문에 걱정하는 일이 없다. 22 손수 자기
의 이부자리를 만들고, 고운 모시 옷과 자주색 옷을 지어 입는다. 23
남편은 마을 원로들과 함께 마을회관을 드나들며, 사람들의 존경을
받는다. 24 그의 아내는 모시로 옷을 지어 팔고, 띠를 만들어 상인에
게 넘긴다. 25 자신감과 위엄이 몸에 배어 있고, 미래에 대한 두려움이
없다. 26 입만 열면 지혜가 저절로 나오고, 혀만 움직이면 상냥한 교
훈이 쏟아져 나온다. 27 집안 일을 두루 살펴보고, 일하지 않고 얻은
양식은 먹는 법이 없다. 28 자식들도 모두 일어나서, 어머니 업적을
찬양하고 남편도 아내를 칭찬하여 이르기를 29 "덕을 끼치는 여자들
은 많이 있으나, 당신이 모든 여자 가운데 으뜸이오" 한다. 30 고운 것
도 거짓되고, 아름다운 것도 헛되지만, 주님을 경외하는 여자는 칭찬
을 받는다. 31 아내가 손수 거둔 결실은 아내에게 돌려라. 아내가 이
룬 공로가 성문 어귀 광장에서 인정받게 하여라.

10~31절은 지혜로운 아내의 덕을 묘사하고 있다. 이 본문은 '이합체시 형식'(각 문장의 첫 글자를 히브리어 알파벳 순서를 따라 지은 시)으로 되어 있다. 따라서 이 시는 앞에 나오는 르무엘 왕의 잠언 일부가 아니다. 편집자가 잠언 전체의 결론으로 삼은 별개의 시편이다.

새번역에서 "유능한"(10절)이라고 번역한 히브리어 '하일'은 일을 이루는 능력을 뜻하기도 하지만, 자기 소임에 충실하게 살아가는 도덕적 능력을 의미하기도 한다. 후자의 의미를 고려한다면 '에쉐트 하일'은 개역개정처럼 "현숙한 아내"라고 번역하는 것이 더 좋아 보인다.

여기에서 묘사한 여인은 실재하는 사람이 아니라 이상적인 인물이다. 이 여인은 지금까지 잠언에서 강조해 온 모든 지혜를 체화한 인물이다. 지혜를 의미하는 히브리어 '호크마'가 여성 명사라서 이상적인 여성상으로 표현한 것이다.

이 여인은 신실하게 주님을 섬긴다. "주님을 경외하는 것이 지식의 근본"(1:7)이기에 여인은 지혜 안에서 성장한다. 그렇게 성장하여 지혜를 완전히 체화하면 자기 본분과 역할을 정확히 파악하여 책임을 기쁘게 수행한다. 이 여인에게는 "자신감과 위엄"이 몸에 가득하고, "미래에 대한 두려움"(25절)이 없다. 남편과 자식들만이 아니라 온 마을 사람들이 여인의 덕을 입는다. 그로 인해 사람들은 여인을 존경하고 높이 칭송한다.

어릴 때 교과서에서 읽었던 현진건의 「빈처」라는 소설이 생각납니다. 성 역할이 고정돼 있다고 생각했던 당시에는 아내에 대한 이런 류의 묘사를 당연하게 여겼습니다. 여성 혹은 아내는 남편과 자녀들을 위해 당연히 희생해야 한다고 생각했습니다. 그런 사고방식에서 나온 개념이 '현모양처'입니다. 현숙한 여인을 묘사한 내용은 동양 문화권에서 기대하는 현모양처의 모습과 별반 다르지 않습니다.

위에서 언급한 것처럼, 이 시편은 여인의 성 역할을 고정해 놓고 일방적으로 희생을 강요하려는 뜻이 아닙니다. 잠언 편집자가 지혜를 체화한 사람의 이상적인 모습을 그려 놓은 것입니다. 지혜를 의미하는 히브리어 '호크마'가 여성 명사이기에 아내를 비유로 삼았을 뿐입니다.

따라서 이 시편은 주님을 경외함이 지혜의 근본이며, 지혜를 따르는 삶이 자신과 이웃과 사회를 복되게 하는 최선의 길이라는 메시지를 담고 있습니다. 그런 점에서 잠언 1장과 '수미쌍관'(首尾相關)을 이루며 잠언서를 결론 짓습니다.

이 시편에서 제시한 이상은 그 누구도 실현할 수 없습니다. 온전히 실현할 수 없기에 '이상'(理想)이고, 그렇게 완전하기에 독자에게 영감을 불러일으킵니다.

말씀은 언제나 나보다 몇 걸음 앞서갑니다. 따라잡았다 싶으면 또 몇 걸음 달아납니다.

그렇게 하여 말씀은 우리를 부단히 인도하여 나아갑니다. 그렇게 걷다가 문득 돌아서 보면, 까마득히 멀리 온 길을 보고 절로 감사하게 됩니다.

잠언
묵상을

마치며

우리는 과학 기술과 문명이 최고도로 발전한 시대에 살고 있습니다. 고대 사람들은 상상조차 할 수 없었던 환경과 차원에서 살고 있습니다. 이 기술 문명이 우리의 삶을 얼마나 더 바꾸어 놓을지, 그로 인해 인간성이 얼마나 달라질지 미래 학자들이 여러 전망을 내놓습니다.

그들의 전망은 각각 다르지만 한 가지 동의하는 사실이 있습니다. 지금 우리가 상상하는 것보다 훨씬 더 큰 변화가 일어난다는 진단입니다. 그것은 우리 마음을 설레게 하는 '놀라운 신세계'가 아니라 불안감을 안겨 주는 '두려운 신세계'입니다.

'달라진 세상'에서 앞으로 '달라질 세상'을 향해 밀려가고 있는 우리가 삼천 년도 넘는 세월 너머에서 온 지혜의 말씀들을 읽습니다. 그런데 이 책에 수록된 격언과 비유와 풍자를 읽으면서 삼천 년의 시간 차이와 문화 차이가 크게 느껴지지 않습니다. 더는 유효하지 않은 지혜들을 가끔 발견하지만, 절대다수의 말씀은 지금 시대에도 여전히 깊은 울림을 줍니다. 기술 문명의 발전이 인간성의 발전과 비례하지 않는다는 사실을 확인합니다. 세상사와 인간사는 변해도 삶의 진실은 변하지 않는다는 사실을 확인합니다.

잠언의 지혜는 처세술과 다릅니다. 나 혼자 잘 먹고 잘 살자는 것이 목적이 아닙니다. 자신과 이웃 그리고 온 세상이 잘 되게 하는 것이 목적입니다. 잠언의 윤리는 사적 윤리가 아니라 공동체 윤리이며, 개인적 윤리가 아니라 사회 윤리입니다. 소유보다 존재가 먼저이며, 삶의 기술보다 인격이 먼저입니다. 그리고 그 모든 지혜의 뿌리는 하나님 앞에 선 인간의 자기 인식에 있습니다. 이렇듯 인간사와 세상사의 본질에 천착하기에, 삼천 년이 지난 오늘에도 여전히 공감력을 가지는 것입니다.

진리는 언제나 우리보다 앞서 있습니다. 그래서 우리는 진리의 말씀 앞에 자주 나 자신을 세웁니다. 진리의 말씀 앞에서 우리는 끊임없이 고발당합니다. 그 고발을 정직하게 받아들이고 무릎 꿇을 때, 조금씩 진리의 사람으로 변해 갑니다.

진리는 마르지 않는 샘과 같고 끝을 알 수 없는 깊은 구멍과 같습니다. 아무리 퍼내도 물은 고갈되지 않고, 아무리 깊이 파고들어도 바닥에 닿지 않습니다. 그래서 지혜의 말씀을 읽고 묵상하기를 멈추지 않습니다. 읽고 묵상할 때마다 지혜의 여인이 새로이 단장하고 나타나 우리를 매료시키기 때문입니다.